U0836648

中国制造业技术创新的影响因素研究

李丹青 著

中国财经出版传媒集团
中国财政经济出版社

图书在版编目（CIP）数据

中国制造业技术创新的影响因素研究／李丹青著．—北京：中国财政经济出版社，2017.3

ISBN 978－7－5095－7318－1

Ⅰ.①中…　Ⅱ.①李…　Ⅲ.①制造工业－技术革新－影响因素－研究－中国　Ⅳ.①F426.4

中国版本图书馆CIP数据核字（2017）第038054号

责任编辑：周桂元　牛婧丽　　　　责任校对：徐艳丽

封面设计：孙俪铭

中国财政经济出版社 出版

URL：http：//www.cfeph.cn

E－mail：cfeph@cfeph.cn

社址：北京市海淀区阜成路甲28号　邮政编码：100142

发行处电话：010－88190406　北京财经书店电话：010－64033436

北京京华虎彩印刷有限公司印刷　各地新华书店经销

787×1092毫米　16开　12.5印张　210 000字

2017年3月第1版　2017年3月北京第1次印刷

定价：29.00元

ISBN 978－7－5095－7318－1

（图书出现印装问题，本社负责调换）

本社质量投诉电话：010－88190744

打击盗版举报热线：010－88190492、QQ：634579818

目录

导 论

第一节 研究背景与研究意义

一、研究背景

制造业是立国之本，强国之基。《中国制造2025》指出，“新一代信息技术与制造业深度融合，正在引发影响深远的产业变革，形成新的生产方式、产业形态、商业模式和经济增长点。”随着发达国家纷纷实施“再工业化”战略，东南亚国家积极参与全球制造业的谋划与布局，中国劳动力成本优势逐渐减弱，全球制造业竞争格局正在发生深刻变化。与此同时，新型工业化、信息化、城镇化和农业现代化同步推进，使得中国大规模的内需潜力不断释放，消费需求不断升级。

1. 发达国家“再工业化”使中国制造业面临严重冲击

2008年的金融危机给全球尤其是发达国家的经济发展带来了严重灾难。为了挽救经济危机造成的颓势，发达国家纷纷出台了“再工业化”战略。美国政府自2009年以来出台了一系列法案，如《重振美国制造业框架》、《制造业促进法案》、《美国创新新战略：确保我们的经济增长和繁荣》等，目的均在“重振制造业”。英国、法国也纷纷公布了“制造在大不列颠”、

“新的工业法国”等旨在重振制造业的计划。一方面，发达国家希望通过“再工业化”解决金融危机之后的经济困境；另一方面，他们也希望通过此举促进本国先进制造业的发展，并在全球范围内对制造业价值链进行重构，重新占据世界技术创新的制高点。

发达国家的“再工业化”浪潮使中国制造业面临严重冲击。首先，随着高端制造业的回流，中国代工企业生存状况会受到严重打击，与高端制造业紧密相关的专业技术也会回流；其次，发达国家的“再工业化”绝不是重复原来结构上的工业化，其实质是对全球制造业价值链的重组，通过这种以外资为主导的价值链管理，避免核心知识的溢出，在促使本国制造业不断升级的同时，遏制中国制造业的升级。

2. 劳动力成本上升使中国制造业的比较优势不断减弱

根据经典的要素禀赋理论，一国的比较优势来源于其丰富的要素资源。中国制造业的比较优势主要来源于其丰富而廉价的劳动力。然而，随着人口红利的逐渐消失，中国劳动力成本的不断攀升使中国制造业传统比较优势不断减弱。蔡昉指出，判断一国是否有人口红利，有两个衡量指标。一个是劳动年龄人口占比，另一个是人口抚养比，即年幼组与年老组的人口数之和除以劳动年龄人口的商值。如果劳动年龄人口占比上升，人口抚养比下降，就是存在人口红利，反之则不存在①。从这两个指标来看，我国的人口红利都已经开始出现转折性变化。一方面，2010 年以来劳动年龄人口占比开始下降，人口抚养比却开始上升。根据国家统计局数据，2010—2013 年，我国 15—64 岁劳动年龄人口占总人口比重呈下降态势，分别为 74.5%、74.4%、74.1%、73.9%。较上一年分别下降 0.1%、0.3%、0.2%。另一方面，2011—2013 年我国的人口抚养比开始上升，2011—2013 年我国总人口抚养比分别为 34.4%、34.9% 和 35.3%，较上一年分别增长 0.2%、0.5% 和 0.4%。这意味着中国的人口红利消失的拐点已经出现。中国发展研究基金会发布的报告认为，2010—2020 年中国劳动年龄人口将减少 2900 多万，人口抚养比则相应上升，人口红利趋于消失。随着人口红利逐渐消

① 蔡昉：丧失人口红利，中国经济如何保持增长？http：//www.21ccom.net/articles/dlpl/cjpl/2014/0507/105614.html.

失，中国的制造业就业人员的工资也一路攀升。据中国统计局公布的数据显示，2003—2014 年中国制造业城镇单位就业人员平均工资已由 2003 年的 12671 元上升至 2014 年的 51369 元（见图 0－1）。

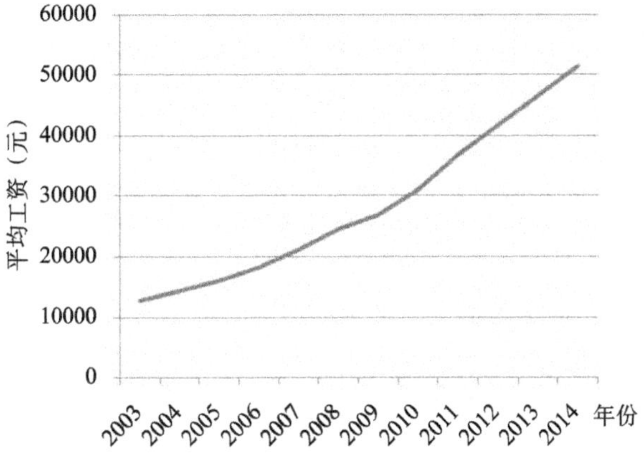

图 0－1　2003—2014 年中国制造业城镇单位就业人员平均工资变化情况

资料来源：2004—2015 年《中国统计年鉴》。

另据中国社会科学院工业经济研究所 2014 年年底发布的《中国工业发展报告 2014》显示，中国制造业的平均工资已经超过了大多数东南亚国家和南亚国家，最高已经接近 7 倍。报告援引日本贸易振兴机构 2014 年公布的调查数据指出，中国上海普通工人的月基本工资为 495 美元左右，分别是吉隆坡的 1. 15 倍、雅加达 2. 05 倍、马尼拉的 1. 88 倍、曼谷 1. 35 倍、河内的 3. 19 倍、金边的 4. 9 倍、仰光的 6. 97 倍、达卡的 5. 76 倍、新德里的 2. 2 倍、孟买的 2. 38 倍、卡拉奇的 3. 21 倍、科隆坡的 3. 8 倍，可以说中国制造业的劳动力成本优势已经一去不复返，东南亚以及南亚国家正在成为国际制造业转移的承接地。此外，中国制造业成本不仅高于东南亚国家，而且与美国制造业成本的差距也在逐渐缩小。2015 年波士顿咨询集团发布的《全球制造业的经济大挪移》报告指出，若以美国制造业成本指数为基准（美国＝100）的话，中国的制造业成本已达到 96，中国制造业对美国的成本优势已从 2004 年的 14% 下降到 2014 年的 4%。这些数据表明，中国制造业的劳动力成本优势已经开始逐渐消失。

劳动力成本上升导致的后果就是目前跨国企业“脱中国化”的趋势日

益明显。据中国美国商会发布的《2015年度商务环境调查报告》显示，由于劳动力成本不断上升，中国美国商会的会员企业连续三年表示已经或准备将投资或产能迁出中国，且这一比例逐年增大；约1/4的资源和工业企业、17%的研发密集型企业都表示已经或准备将企业迁出中国。全球制造业正在悄然向湄公河流域，即包括柬埔寨、越南、老挝、缅甸、泰国在内的东南亚国家转移，因为这些国家的劳动力成本更低①。"中国制造"正面临着"印度制造"、"泰国制造"、"越南制造"等挑战。

3. 国内居民消费需求升级倒逼制造业转型

随着新型工业化、信息化、城镇化和农业现代化同步推进，中国大规模的内需潜力不断释放，与此同时，国内居民消费需求也在不断升级。一方面，生存型消费占比不断下降。城乡居民在食品、衣着方面的消费支出在整个消费中的占比不断下降。据中国（海南）改革发展研究院课题组公布的数据显示，1990—2013年城镇居民食品、衣着消费支出占总消费的比重由67.6%下降至45.6%，农村居民该项比重则从66.6%下降至44.3%。另一方面，发展型消费占比不断增加。随着中国城乡居民生存型消费比重的不断下降，其发展型消费需求在整个消费中的占比却在不断上升。统计资料显示，1990—2013年城镇居民发展型消费需求的支出占总消费的比重由32.4%上升到54.4%，农村居民这一比重则从33.4%上升到55.7%②。随着城乡居民消费结构的升级以及新消费群体的不断扩大，传统消费热点已经呈持续降温态势，而消费个性化、多元化已经成为国内居民消费的主流。

然而，制造业发展现状无法满足消费升级的需求。中国制造业的规模为全球第一，但在高端制造业领域却远远落后于发达国家。如国人在海外抢购马桶盖、电饭煲、保温杯等现象一方面折射出中国居民消费需求已经悄然发生变化，有相当大的消费群体已经开始追求品质消费。另一方面，

---

① 全球制造业正悄然从中国转战东南亚：http：//finance.people.com.cn/n/2013/0520/c348883-21539459.html.

② 中国（海南）改革发展研究院课题组：中国消费结构升级：生存型消费转向服务性消费：http：//finance.china.com.cn/consume/zcsc/20150404/3041158.shtml.

则折射出“中国制造”目前还无法满足这类高品质的消费需求。

4. 中国技术创新水平落后

一直以来，中国的技术创新水平不高，经济发展主要是依靠劳动力、自然资源来拉动的。在我国制造业的发展过程中，情况也是如此。在我国劳动力资源和自然资源都比较丰富的时候，技术创新对制造业发展的阻滞作用不是很明显，但是，一旦当劳动力、资源优势逐渐消失，技术创新的作用就会突显出来。目前，我国的技术创新水平落后于发达国家，如表 0 - 1 所示，德国、美国、日本的人才创新能力得分分别为 9. 47、8. 94、8. 14，而中国得分仅为 5. 89，仅高于印度的 5. 82。此外，从创新的各项指标来看，我国更是远远落后于发达国家。如表 0 - 2 所示，从“2012 年创新指数”来看，中国得分最低；从“2010 年每百万人口中的专利数目”来看，日本为 2257，韩国为 1533，德国为 858，美国为 613，新加坡为 358，而中国仅为 65；再从“2012 年每百万人口中的研究人员数目”来看，日本为 7038，新加坡为 6992，韩国为 6286，德国为 5305，美国为 4663，而中国仅为 1071，与发达国家的差距非常大。

表 0 - 1　　人才驱动创新能力排名（满分 10 分）

	德国	美国	日本	中国	巴西	印度
人才驱动的创新	9. 47	8. 94	8. 14	5. 89	4. 28	5. 82

资料来源：德勤《2013 全球制造业竞争力指数》。

表 0 - 2　　各项创新指标比较

	德国	美国	日本	韩国	新加坡	中国
2012 年创新指数	56	58	52	64	54	45
2010 年每百万人口中的专利数目	858	613	2257	1533	358	65
2012 年每百万人口中的研究人员数目	5305	4663	7038	6286	6992	1071

资料来源：德勤《2013 全球制造业竞争力指数》。

综上所述，在发达国家“再工业化”战略使中国制造业面临严重冲击，中国劳动力成本上升使其传统优势逐渐减弱，以及消费需求潜力不断释放，消费结构不断升级的大背景下，中国制造业亟待转型升级。唯有通过技术创新，才能由“制造大国”转变为“制造强国”，才能由“中国制造”转变为“中国智造”，才能在激烈国际竞争中获得竞争优势，才能满足人民群众日益增长的消费升级的需求。然而，中国制造业技术创新水平与发达国家还有很大差距，如何提高中国制造业技术创新能力是摆在面前的一大难题。

二、研究意义

在中国制造业面临内忧外患之时，技术创新势在必行。在这一背景下，探讨中国制造业技术创新的影响因素，进而采取有针对性的措施促进制造业技术创新能力的提升具有重要的现实意义。

第一，本书基于行业和区域两个维度对中国制造业技术创新的影响因素展开研究，相比较于只基于制造业子行业的研究或只基于某个地区制造业的研究更全面，更能从整体上把握中国制造业技术创新的影响因素。另外，在基于行业维度进行研究时，考察了内资企业和外资企业的互动，并基于行业特征对不同行业进行了分类并作了对比研究，这种细致的对比研究更能深入挖掘出制造业中技术创新的影响因素。在此基础上，才能对所有制性质不同的企业、要素类型不同行业提出具有针对性的政策建议，进而更能促进制造业技术创新能力的提升。在基于区域维度进行研究时，将样本地区分为东部和中西部进行对比分析，而不是笼统地进行分析，这样更能发现不同因素在不同地区对技术创新所发挥的作用，进而对东部、中西部提出不同的政策建议，促进其技术创新能力的提升。

第二，深入挖掘中国制造业技术创新的影响因素，采取具有针对性的举措来提高制造业技术创新能力，这有利于中国制造业提高国际竞争力，获得比较优势；有利于缓解中国目前劳动力、能源等成本日趋上升的压力；有利于减少废弃物的排放，促进绿色发展；有利于促进中国经济的成功转型和可持续发展。

第二节 研究思路与研究内容

一、研究思路

在面临内忧外患的情况下，中国制造如何才能突破重围，提高国际竞争力？本书认为唯有依靠技术创新。然而，中国制造业整体技术创新的现状如何，各行业、各区域制造业的技术创新现状及影响因素又有哪些，制造业中不同所有制企业的技术创新效率及影响因素是大抵相同的吗，如何通过技术创新促进制造业发展……这些问题都需要通过实证分析才能给出答案。本书的研究正是建立在上述问题的基础上的。

带着这些问题，本书构建了一个研究制造业技术创新的框架。首先，对创新、技术创新以及中国制造业技术创新方面的相关研究做了一个综述；然后，在文献综述的基础上，运用统计方法对中国制造业整体发展现状及技术创新发展现状进行了较为全面的分析，结论认为以技术创新促进制造业发展是应对制造业内忧外患、提升国际竞争力的必然选择；接着，本书分别从行业维度和区域维度对中国制造业技术创新及其影响因素进行了理论研究和实证检验；最后，本书提出了通过技术创新促进制造业发展的政策建议。整体研究思路如图 0－2 所示。

二、结构安排及研究内容

导论部分主要介绍了选题的背景、研究目的、研究思路、研究方法以及本书创新点等内容。

第一章是文献综述部分。文献综述主要包括三部分内容：第一节介绍熊彼特的创新思想；第二节是国内外关于技术创新的相关研究；第三节是制造业技术创新影响因素的研究综述，也从行业维度和区域维度分别进行综述。

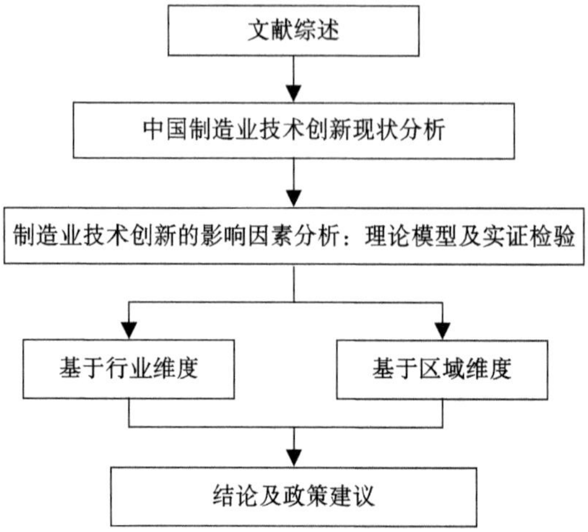

图 0－2　整体研究思路图

第二章是制造业技术创新的现状分析。第一节对中国制造业整体发展现状、行业维度及区域维度的发展现状进行了分析；第二节从技术创新的投入和产出两个方面，分析了中国制造业行业维度和区域维度的技术创新现状。第三节对美国、日本制造业的技术创新现状作了一个概述性的分析，对比分析了中国与美国日本制造业技术创新的差距。本章的结论为，中国制造业“大而不强”，在中国传统比较优势逐渐消失，技术水平远远落后于发达国家的情况下，唯有通过技术创新才能提升中国制造业的国际产业链分工层次，进而提高该行业的国际竞争力。

第三章基于行业维度分析了制造业技术创新的影响因素。第一节构建了行业维度制造业技术创新影响因素的理论框架，借鉴“技术创新就是知识生产新知识”（德克鲁，1998）的观点，重点研究知识创新和与知识积累有关的创新资源投入对技术创新的影响，并将创新资源分成内部创新资源和外部创新资源。内部创新资源主要指企业自身的 R&D 投入，外部创新资源则主要包括两个方面的溢出：一是由国外技术引进、外资企业本土化的 R&D 活动以及 FDI 产生的国际 R&D 溢出；二是由购买国内技术产生的国内 R&D 溢出。由于“市场换技术”战略导致大量外资涌入中国，因此在考察 R&D 国际溢出时，重点考察 FDI 这一因素。此外，本书认为，要提升中国制造业技术创新能力，关键是要提升制造业内资企业的技术创新能力。因此，制造业内资企业是本章的重点研究对象。在此基础上，第二节主要从三个方面对技术创新的影响因素进行了实证分析：第一，内资企业自身R&D投入及制造业行业R&D技术溢出对内资企业技术创新的影响；第二，运用内、外资企业交互影响模型和知识生产函数分析了外资企业本土化R&D活动、FDI溢出效应对中国制造业技术创新的影响，并分别用FDI进入强度和FDI的绝对规模这两个指标对FDI的溢出效应进行检验；第三，进一步分析了FDI对内资企业中不同行业的异质性技术外溢效应，发现各行业在市场结构、技术消化吸收能力以及对外开放程度方面的差异是造成这种异质性技术外溢效应的主要原因。第三节是本章的总结。

第四章基于区域维度分析中国制造业技术创新的影响因素。第一节介绍了区域技术创新系统的相关理论，并在此基础上构建了本章的分析框架。该理论认为，企业、政府、科研结构、金融机构、跨国企业等是区域创新系统中最重要的元素。基于此，本人认为在分析区域技术创新问题时，应通过一些指标的构建来反映这些元素对技术创新的影响。因此，本章选取了R&D、R&D空间溢出、制度环境（包括金融支持制度）、FDI及出口等指标分别用以考察本地企业、其他地区企业和科研机构、政府（金融机构）及跨国公司对区域制造业技术创新的影响。在这个基础上，第二节基于区域维度对制造业技术创新影响因素进行了实证分析。本节首先运用空间计量模型分析了R&D、空间R&D溢出对制造业技术创新的影响；接着分别基于综合制度视角和各项制度相互协调的视角，分析了包括市场化、产业结构、金融深化及知识产权保护等制度变量对区域制造业技术创新的影响；随后，基于不同的区域特征分析FDI和出口对技术创新的影响，同时考察了综合制度及各项制度变量对FDI技术溢出效应的影响。第三节是本章的总结。

第五章是提高制造业技术创新的政策建议，主要内容包括提高R&D资源使用效率及投入力度、提升中国制造业FDI引入质量以及协调各项制度建设，改善制度环境。

第六章是最后一章，主要内容包括本研究的主要结论、不足之处及未来的研究展望。

第三节 研究方法与主要创新点

一、研究方法

1. 理论分析与实证研究相结合

本研究构建了一个分析中国制造业技术创新问题的比较完整的理论框架，从行业维度和区域维度对影响制造业技术创新的因素进行了理论分析和实证检验。理论分析贯穿于始终，而实证分析则主要集中在第二、三、四等章。本书运用统计分析方法、面板数据回归和空间计量分析等分别对中国制造业整体发展现状及技术创新现状、技术创新效率及两个维度技术创新的影响因素进行了实证分析。主要运用了 Eviews 7.0、SPSS 等分析软件。本书的理论分析与实证研究紧密结合，理论分析为实证研究提供了理论支持，实证研究则为理论分析提供了经验支持。

2. 系统分析法

本研究所运用的系统分析方法主要体现在两个方面：第一，构建了一个分析中国制造业技术创新及其影响因素的系统分析框架，认为行业维度技术创新及区域维度技术创新是该框架的主要构成元素；第二，在分析区域维度技术创新及影响因素时，构建了一个包括企业、研发机构、政府、金融机构等在内的区域技术创新系统，在此基础上分析影响区域技术创新的主要因素。

3. 对比分析法

本研究所运用的对比分析方法主要体现在以下三个方面：第一，在分析制造业整体发展现状和技术创新现状时，将中国和美国、日本、德国、新加坡、加拿大、巴西、印度等国在制造业成本、技术创新投入、技术创新产出方面进行了对比分析；第二，对制造业内资企业、外资（含港澳台）企业技术创新的影响因素进行了对比分析；第三，运用对比分析法分析了 FDI 在制造业内、外资企业，以及制造业不同行业、东部和中西部的技术溢出效应的差异。

二、创新之处

首次构建了一个研究中国制造业技术创新的较为完整的系统分析框架，并从行业维度和区域维度两个方面进行展开，基于这两个维度分析了中国制造业技术创新现状及其影响因素。

在研究制造业区域技术创新的影响因素时，将制度环境因素考虑在内，从市场化程度、产业结构、金融深化程度以及知识产权保护力度四个方面来衡量一个地区的制度环境，并计算出了各地区的综合制度得分。

分别基于综合制度视角和各项制度相互协调的视角考察了制度对区域技术创新的影响。

在基于区域维度分析制造业技术创新的影响因素时，分析了 FDI 与综合制度、各项制度的相乘项对区域技术创新能力的影响，即考察了制度变量在 FDI 发挥溢出效应方面所起的作用。

研究得出的新观点主要有四个。

第一，制造业中 FDI 的进入对该行业自主技术创新存在显著的异质性技术溢出效应，而且这种技术溢出效应表现出显著的双重异质性特征。FDI 不仅对中国制造业中内、外资企业的技术创新存在异质性溢出效应，对制造业内资企业不同行业的技术创新也存在异质性溢出效应。

第二，空间 R&D 技术溢出能显著促进本土企业的技术创新，但随着地理距离的拉长，这种空间溢出效应越来越弱。中国的沿海地区对内陆地区制造业技术创新产生了较强的溢出效应，但对东北三省及陕西等地的溢出效应非常微弱。

第三，FDI 本身对区域制造业技术创新并无显著溢出效应，FDI 只有与良好的制度环境相结合，才能发挥其对中国技术创新的正向溢出效应。

第四，综合制度环境的改善对区域制造业技术创新具有非常显著的促进作用，但各项子制度对技术创新的影响却并不显著。不同制度之间相互融合、相互协调是发挥制度对技术创新的促进作用的前提。

第一章

文献综述

本章第一节介绍了熊彼特的创新思想，第二节对国内外技术创新的相关研究进行了综述；第三节对制造业行业维度和区域维度技术创新的影响因素进行了综述。

第一节 关于创新的文献综述

1912年熊彼特（Joseph Alois Schumpeter）在《经济发展理论》一书中开创性地提出了“创新”这一概念后，又相继在《经济周期》（1939）和《资本主义、社会主义和民主主义》（1942）两书中加以运用和发挥，形成了以“创新理论”为基础的独特的理论体系。熊彼特认为，所谓创新就是要“建立一种新的生产函数”，即生产要素的重新组合，就是要把一种从来没有的关于生产要素和生产条件的“新组合”引进生产体系中去，以实现对生产要素或生产条件的“新组合”。熊彼特认为，新组合的方式主要包括以下五种：第一，引进一种新产品或一种产品的新特性；第二，使用新的生产方法；第三，开辟新的商品市场；第四，获得原材料或半成品的新的供应来源；第五，采用新的企业组织形式。①

---

① 约瑟夫·熊彼特．经济发展理论［M］．何畏，易家祥，译．北京：商务印书馆，1990.

熊彼特的创新理论蕴含以下基本观点：第一，创新是生产过程中内生的。他指出，“我们所指的‘发展’只是经济生活中并非从外部强加于它的，而是从内部自行发生的变化”，而这种变化就是创新。第二，创新意味着“毁灭”。熊彼特认为，创新是一种“创造性的毁灭”，新组织的产生是建立在对旧组织的竞争进而将其毁灭的基础上的。只有不断毁灭、不断创造，经济才会一直发展下去。第三，创新必须能够创造出新价值。作为资本主义“灵魂”的企业家追求“新组合”的根本动力来源于高额的利润。熊彼特认为，先有发明，然后才有创新，只有发明被应用到实际生活中，才能转化为创新，进而为经济发展创造新的价值。第四，企业家是创新的主体。熊彼特认为企业是“新组合”的实现形式，那么企业家便是创新的主体，他进而认为，只有在实际中实现了某种“新组合”的企业家才是名副其实的企业家。

此外，熊彼特还运用创新理论来解释现实经济中的经济波动。在他看来，创新一旦出现，必将在社会上引起模仿，而模仿活动会引起一轮创新浪潮，经济随着也会出现高涨。但是，当社会中很多企业成功模仿创新之后，创新浪潮会逐渐消退，经济也随之走向衰退。这时如果经济要再发展，就必须有新的创新出现。要保证经济持续不断地发展下去，创新就必须接连不断地出现。在模仿创新的过程中，有时不可避免地会发生投资过度或失误等现象，因此，经济高涨之后出现的停滞或衰退对经济能够起到一定的调整和恢复作用。熊彼特认为，只要有创新，经济就不会一直停滞或衰退；只要有模仿以及投资过度和失误行为的存在，经济也就不会一直保持高涨。

后来的学者对熊彼特的创新理论进行了总结，认为他所指的“创新”涵盖了产品创新、技术创新、市场创新、资源配置创新及组织创新五个方面，但其具体的分析仍基本局限于技术创新方面。

20 世纪 50 年代，被誉为现代管理之父的彼得·德鲁克（Peter F. Drukcer）对熊彼特的创新思想进行了拓展。他把“创新”这一思想引入到现代管理体系中，首次提出“管理创新”的概念。在熊彼特的基础上，德鲁克（1998）拓展了“创新”的定义，认为创新就是“知识生产新知识”的过程，并认为创新不仅包括技术创新，还包括社会创新。他认为社会创新是通过创造一种新的管理机构、管理方式或管理手段，从而提高人力资源或物质资源的配置效率，使其获得更高的经济和社会价值。社会创新和技术创新的不同之处在于，技术创新要以科学技术为基础，但社会创新并不一定要依靠技术创新。总体来说，社会创新比技术创新的难度更大，但其对整个社会的影响也更大。以日本为例，德鲁克（1987）认为，日本明治维新以来经济快速崛起的原因正是由于高效率的社会创新①。在德鲁克的影响下，后来的经济学家也纷纷从不同角度对熊彼特的“创新”进行了拓展和延伸。

创新理论的另一个分支是制度创新。随着新制度经济学的发展，越来越多的人意识到制度对经济发展的重要性。制度已经成为继天赋要素、技术和偏好之后的经济学第四大柱石。新制度经济学家把制度分为正式制度、非正式制度以及实施机制三个部分。正式制度包括各种成文的法律法规、政策、契约等；非正式制度主要包括价值信念、道德观点、伦理规范、意识形态和风俗习惯等；健全的实施机制则是正式制度和非正式制度得以有效实施的保证。新制度经济学者认为，从某种意义上来说，制度变迁的过程就是制度创新的过程，并通过各种理论模型来解释制度变迁，如诺斯的制度变迁模型、产权学派的制度变迁理论、拉坦的诱致性制度变迁模型、林毅夫的强制性与诱致性制度变迁模型（1994）等，其中最具有代表性的模型是诺斯的制度变迁模型。诺斯（1998）认为，制度创新在经济增长中起决定性作用，他指出“有效率的经济组织是经济增长的关键”，而“有效率的组织需要在制度上做出安排和确立所有权”②。他进一步指出，制度创新与技术创新的不同之处在于，技术创新是在科学技术上取得某种突破和进展，而制度创新则是通过改进经营管理方式和变革组织形式来逐步实现的；制度创新一旦形成，就具有明显的路径依赖特征。

---

① 彼得·德鲁克．管理——任务、责任、实践［M］．孙耀君，译．北京：中国社会科学出版社，1987.

② 道格拉斯·诺斯，罗伯斯·托马斯．西方世界的兴起：新经济史［M］．张炳九，译．北京：北京学苑出版社，1988.

第二节　关于技术创新的文献综述

一、技术创新的理论模型

继熊彼特之后，西方学者在技术创新研究方面的工作沿着以下两个方面进行：一方面，是以索洛的新古典增长模型和罗默等人的新增长理论为代表，将技术创新纳入新古典经济学的理论框架；另一方面，则是以施穆克勒、罗森博格和弗里曼等为代表的新熊彼特学派，该学派注重研究技术创新与经济增长结合的途径、方式、机制及其影响因素。他们秉承熊彼特的传统，侧重对技术创新过程的研究，认为技术创新总是以一种演进的方式重新塑造它由以产生的市场结构，是“形成经济转换格局的基本动力”。

1. 新古典学派的技术创新模型

新古典学派力图将技术创新纳入主流经济学范畴，他们注重研究技术创新对经济增长的贡献率。虽然亚当·斯密、马克思等先驱都高度强调技术创新对经济增长的促进作用，但是索洛开创了对这一论点进行量化研究的先河。索洛（1951）指出，当现有知识的应用引起技术安排发生变化时，这样的技术变革可以称为“创新”。在《在资本化过程中的创新：对熊彼特理论的述评》一文中，索洛首次提出了技术创新的两个必要条件，即新思想的来源和以后阶段的实现和发展。这种“两步论”被认为是技术创新概念界定研究上的一个里程碑。1957 年，索洛在其发表的《技术进步与总生产函数》一文中，首次提出了测量技术进步对经济增长的贡献率的规范方法。在这一方法中，索洛将技术创新视为外生变量，借助柯布－道格拉斯生产函数，通过全要素生产率（Total Factor Productivity，TFP）的形式间接地测度技术创新对经济增长的贡献度。这里，他用全要素生产率来反映技术进步，用以衡量经济增长过程中劳动力和资本所不能解释的“残差”或“余值”部分。

索洛开创了测度技术进步对经济增长贡献率的先河。随后，很多学者利用他的方法，基于不同的样本测度技术进步对经济增长的贡献率，得出的结论绝大多数都支持技术进步对经济增长具有促进作用。

然而，索洛模型中有一个重大缺陷，即他将技术进步视为外生变量，这极大地影响了其理论模型的合理性。正如阿罗（1962）所说的一样："一个如此严重地依赖于一种外生变量的经济增长观，且不说它还是一个像知识数量这样一个如此难以测量的变量，单在学术上看，也是很难令人满意的。"① 鉴于此，阿罗、罗默、卢卡斯等人则试图将技术创新活动内生化，建立技术进步的内生增长模型。

阿罗于1962年提出了"干中学"（Learning by Doing）模型，将从事生产的人获得知识的过程内生于模型。"干中学"模型将学习与经验这些无形的要素投入用有形的要素投入——累积总投资来表述。阿罗认为，随着物质资本投资的增加，"干中学"会导致人力资本水平相应的提高，"干中学"模型将技术进步的一部分作用内生化了。

罗默1986年在其《收益递增经济增长模型》中，提出了一个与收益递减的传统模型不同的收益递增的增长模型。他把技术进步看作经济的内生变量和知识积累的结果，认为知识和技术进步是经济增长的源泉。罗默的增长理论有三个基本前提：第一，技术进步是经济增长的核心；第二，技术进步是内生的，大部分的技术进步都是市场激励的有意识行为的结果；第三，知识商品可以重复使用，只需生产开发本身的成本，无需追加成本，这是它与其他商品的不同之处。罗默指出，知识的积累和谋求利润最大化的厂商会推动技术进步。因此，在罗默的模型中，技术进步不再是"残差"或"余值"的概念，而是经济主体通过理性选择将其"内生化"于增长模型之中的结果。

针对罗默模型假定人力资本总量不变的缺陷，卢卡斯（1988）开始将人力资本理论引入经济增长领域，认为经济增长的源泉是专业化人力资本的累积增长。他指出，人力资本产生的递增效应可以消除常规资本与劳动的边际递减收益，从而保证经济得以持续增长。

---

① KENNETH J A. The economic implications of learning by doing [J]. The review of economic studies, 1962, 29 (3): 155-173.

总体上看，新古典学派对技术创新进行模型化的各种尝试，其根本目的在于形式化技术创新活动，重点研究技术进步的实现机制和表现形式，如“干中学”、人力资本积累、知识积累、产品质量升级、技术模仿等，并将其纳入主流经济学的增长模型中。他们将技术创新过程视为一个“黑箱”，本身并不关心这个“黑箱”内部是如何运作的，认为良好的市场机制会自动使这个“黑箱”的内部运行达到最合理状态。这与研究“黑箱”内部运行机制、研究技术创新过程的新熊彼特学派形成了鲜明的对比。

2. 新熊彼特学派的技术创新理论

新熊彼特学派秉承经济分析的熊彼特传统，将技术创新看作一个相互作用的复杂过程，深入研究了“黑箱”内部的运行机制。

（1）对技术创新过程的研究

20 世纪 60 年代以前，受熊彼特创新模型的影响，大部分研究认为技术创新的过程是一个由基础研究推动的线性过程，即基础研究—应用研究—开发—生产—销售，认为创新的主要来源是基础研究，基础研究的成果在市场化过程中推动创新的完成，市场只是被动地接受创新成果。与此不同，施穆克勒（1966）则提出了市场需求拉动模型，即市场需求或生产需求—研究开发—生产—销售。他认为市场需求或生产需求激发了技术创新，企业或企业家进行技术创新的根本动力仍是追求利润最大化。

罗森伯格（1982）指出：“作为基本的、演进着的知识基础的科学技术同市场需求的结构一道，在创新中以一种互动方式起着核心作用，忽略任何一方面都将导致错误的结论和政策。”① 受这一思路的影响，20 世纪 80 年代以来，越来越多的研究将基础研究推动论和需求拉动论有机结合起来，将技术创新过程视为创新企业的技术能力和市场需求的相互结合。其中，克莱因和罗森伯格（1986）提出了技术创新连锁 - 回路模型，系统地阐述了技术创新各个阶段之间的关系，以及科学知识与技术创新各阶段之间的关系。

---

① 王春法．国家创新体系与东亚经济增长前景［M］．北京：中国社会科学出版社，2002：41.

（2）创新的分类研究

弗里曼（1987）按照对经济系统影响的大小将技术创新分成四类。第一类是渐进式（或称增量型）创新。这类创新是指通过“干中学”或“用中学”，对现有产品或工艺进行不同程度的改进。虽然单个的渐进式创新对经济系统不会产生显著影响，但其综合效果会引起生产率的提高。第二类是根本性创新。这类创新往往会产生全新的产品或工艺，一般是企业、大学或研究机构进行研发活动的结果。单个的根本性技术创新对经济系统会产生一定的影响，但仍然是局部的，只有许多相关的根本性创新连接在一起，才会导致全新的产业出现。第三类是技术体系的变革。这类创新是一系列渐进式创新和根本性创新的组合，往往会对一个经济部门或几个经济部门产生影响，并且会伴随着相应的组织创新。第四类是技术－经济范式的变革。这类创新表现为技术体系的某些重大变革，对整个经济体系都会产生重大影响。这类创新与熊彼特的“创造性毁灭”类似，强调技术变革和组织变革的相互作用，将组织创新和制度创新的概念融入其中。弗里曼认为，技术－经济范式是经济发展的导向机制，它决定了经济发展的方向和模式；而社会制度框架则为这种技术－经济范式和它所决定的经济发展模式提供了适宜的制度土壤。

（3）技术扩散论

早在20世纪60年代，曼斯菲尔德就研究了新技术的扩散问题，填补了熊彼特创新理论中的一个空白。他考察了同一部门内部技术扩散的速度和影响技术扩散的各种经济因素，他认为在“完全竞争市场、专利的影响很小、在技术扩散过程中新技术本身不发生变化、企业的大小不影响采用新技术”这四个假定前提下，有三个基本因素和四个补充因素会影响新技术的扩散速度。三个基本因素为：第一，模仿比例，模仿比例越高，技术扩散的速度就越快；第二，模仿相对盈利率，相对盈利率越高，技术扩散的速度越快；第三，采用新技术所要求的投资额，所要求的投资额越小，技术扩散速度越快。四个补充因素包括：第一，旧设备还可使用的年限，年限越长，技术扩散速度越慢；第二，一定时间内该部门销售额的增长情况，增长越快，新技术的扩散速度就越快；第三，新技术首先被采用的年份与后来被采用的年份之间的间隔，间隔越长，技术扩散速度就越慢；第四，新技术首次被采用时所处的经济周期的阶段，阶段不同，新技术的扩散速度也不同。

（4）技术僵局论

门茨继承并发展了熊彼特的长波技术论，认为经济增长和经济长期波动的主要动力是技术创新。他分析了1740—1960年发生的基础技术创新资料，发现在1825年、1886年和1935年，发生了几次新的大规模基础创新集群，并促进了全新的产业部门的出现。随后，新市场的出现促使这些部门得以快速增长和改进，集中化生产和竞争提高了新产业能力。然而，当产业部门的发展达到一定程度之后，国内需求市场已无法消费所生产出来的产品，因此国外市场变得极为重要。当国内、外市场的需求总和都小于供给时，经济进入不景气阶段，直到出现新的基础创新和新的产业部门时，经济才能根本好转。门茨将这种只有通过技术创新才能克服危机的情况称作“技术僵局”，他把“技术僵局”看成是新的技术创新产生的前提。

（5）斋藤优N-R关系模式

日本学者斋藤优在其专著《技术转移论》中提出了著名的N-R关系理论。他认为，一国的国民需求（N）和资源（R）关系制约着一国的经济发展和对外经济活动。当N-R关系不适应时，一国会产生进行技术创新的动力，也会导致国际技术转移。在发展中国家中，N-R关系的“瓶颈”往往包含资金约束（储蓄约束和外汇约束）和技术约束。因此，从发展中国家发展的客观需求来看，发达国家对发展中国家进行技术转移时，应该同时予以资金支持。

（6）技术差距理论

Fagerberg（1988、1991）等人提出的技术差距理论认为，经济发展过程是创新与模仿或扩散这两种冲突力量相互作用的非均衡过程。该理论直接以创新为增长变量，认为一国的经济发展水平与技术水平存在着密切的关系；一国的技术水平增长率会影响其经济增长率；技术水平低的国家可以通过模仿技术水平高的国家提高其经济增长率；一国利用技术差距的能力取决于动员资源进行社会、制度和经济结构变革的能力。因此，一国的经济增长是由以下三个因素决定的：一是来自国外的技术扩散；二是本国技术知识的增长；三是本国利用知识能力的增长。Fagerberg（1988、1991）的实证研究表明，在新兴工业化国家以及半工业化国家，技术扩散对经济增长的贡献要比创新大；随着与工业化国家的技术差距越来越小，技术创新变得越来越重要。

二、技术创新的评价

对技术创新的评价主要包括评价技术创新能力和技术创新效率，学者们的研究大多集中在区域和产业两个维度。

1. 技术创新能力的评价

对技术创新能力的评价方面，从区域到产业再到企业的研究成果均比较丰富。大多数学者都是在构建技术创新能力的评价指标的基础上，对研究对象的技术创新能力进行评价。

（1）区域维度

在该维度上，学者们基于某一个或某几个区域，或全国所有区域为对象，进行技术创新能力的评价及比较研究。王剑锋、邵云飞、唐小我（2006）从技术创新的要素潜力、投入、产出、环境四个角度评价了四川省技术创新能力。邵云飞、唐小我、陈光（2006）构建了评价区域技术创新能力的线性模型，该模型以技术创新投入、技术创新产出以及关联因素为指标来衡量技术创新能力；通过实证分析发现，中国区域的技术创新能力由东向西呈现出明显的梯度分布特征。范群林、邵云飞、唐小我（2011）利用Q型聚类方法、因子分析方法及主成分方法对中国30个地区的环境技术创新能力进行评价，并将这30个地区按环境技术创新能力的大小分成了五类。张杨、张亚斌、冯迪（2014）构建了区域技术创新能力指标，并对中部六省的技术创新能力进行了比较分析，发现六省中湖北省的技术创新能力最强，其次是湖南，安徽、河南处于中游，江西和山西最弱。任淑荣（2014）利用熵值法构建了企业技术创新能力的评价体系，在此基础上对各区域的企业技术创新能力进行了评价，发现2012年东部沿海地区中的广东、江苏、山东、上海等排名靠前，而西部地区的青海、西藏排名靠后；白杨敏、彭语冰、崔婷（2015）的研究也得出了基本相同的结果。苏屹、姜雪松（2015）运用灰靶理论，实证分析了区域高技术企业的技术创新能力，结果发现中国各地区高技术企业技术创新能力存在显著的差异；技术消化吸收和改造有利于提升技术创新能力，但知识型产出成果对技术创新能力的提升作用不足。

（2）行业维度

不同学者以不同的产业为研究对象，对其技术创新能力进行评价。郑晓奋、李少付（2010）评价了安徽省制造业各行业的技术创新能力，发现机械制造、医药、电子信息、化工等行业的技术创新能力较强。段捷、刘勇（2011）对中国装备制造业中七个子行业的技术创新能力进行了评价，发现交通运输设备制造业、电气机械及器材制造业等技术含量越高、综合竞争力越强的行业，技术创新能力也越强。徐丰伟（2011）基于产业技术创新协同的角度，认为产业技术创新能力由自身创新能力和产业创新内外部协同两方面构成，在此基础上构建了评价装备制造业技术创新能力的指标体系，评价了该产业的技术创新能力。程萍（2012）利用主成分分析法评价模型，评价了中国30个省（直辖市、自治区）的医药制造业技术创新能力，并对湖北省的医药制造业技术创新能力相对优势与差异进行了分析。边明英、孙虹（2013）利用因子分析法研究了中国食品加工业的技术创新能力，发现该行业的技术改造投资比例和人员投入比例较高，但研发经费支持力度和新产品经费投入强度不足。

在产业层面，还有学者对不同所有制企业技术创新能力进行了研究。在不同所有制企业的技术创新排序上，学者们并没有得出一致的结果。吴延兵（2014）研究了不同所有制企业的技术创新能力，发现混合所有制企业技术创新能力最强，私营企业具有专利创新优势，但整体创新能力不足，外商投资企业的创新投入不足，但是具有新产品和劳动生产率方面的优势，国有企业的技术创新能力最弱。李长青、周伟铎、姚星（2014）则对中国不同所有制企业的技术创新能力进行了行业测度，发现在竞争性行业中非公有制企业的技术创新能力高于公有制企业，而在垄断性行业中，两者的差异不明显。谷炜、杜秀亭、卫李蓉（2015）构建了中国规模以上工业企业技术创新能力评价指标体系，并对中国各类工业企业的技术创新能力进行了评价，发现技术创新能力排在前三的依次是集体企业、国有企业以及私营企业。

2. 技术创新效率的评价

（1）区域维度

该维度上的研究涉及国家级、省市级以及专业镇级。Hashimoto（2008）、Hsu（2009）、Thomas（2010）分别运用不同的数据包络分析（Data Envelopment Analysis，DEA）模型对日本、美国、中国台湾的区域技术创新能力进行了评价。陈建勋、武治印（2012）利用整体和分段分析方法，对世界上包括中国在内的24个转轨国家的技术创新效率进行了评价和比较，结果发现激进式改革的国家的技术创新效率低于渐进式改革国家。许敏、谢玲玲（2012）基于DEA方法中的BCC模型对中国大中型企业技术创新效率进行了评价，发现中国东中西部大中型工业企业技术创新效率存在显著差异。乌兰、伊茹（2013）采用DEA方法对中国西部地区大中型企业技术创新效率进行了评价，发现除了云南和甘肃外，西部地区其他省份的大中型企业技术创新效率是有效的。李璐、朱洪兴、单奎（2014）运用SFA模型对河南省各地市的区域技术创新效率进行了评价和分析。赵喜仓、徐俊涛、张瑾（2014）基于SFA模型，对江苏省镇江市高新技术创新效率进行了评价。李牧南、周俊峰、朱桂龙等（2015）运用数据包络分析和问卷调研的方式，对广东19个专业镇的技术创新能力进行了评价。

（2）行业维度

基于该维度对技术创新效率评价的研究较多，多数学者运用DEA研究方法，并以工业为研究对象。项本武（2011）基于内生增长模型的知识生产函数理论构建超越对数生产函数，对中国31个工业行业的技术创新效率进行了评价，发现中国工业行业技术创新效率存在无效率。高远帆、张建辉（2012）利用典型相关分析（Canonical Correlation Analysis，CCA）和DEA相结合的方法，分析了山西装备制造业内七个子行业技术创新效率的大小。戴卓、代红梅（2012）基于随机前沿模型，对工业行业技术创新效率进行了评价，实证分析表明工业内部各行业技术创新效率存在显著差异，其中制造业技术创新效率最高，采掘业次之，最低的是水电气业。张经强（2012）基于DEA分析方法，对北京五大高科技产业的技术创新效率进行了评价，结果表明技术创新效率最高的是电子计算机及办公设备制造业，最低的是航空航天制造业。郭兵（2014）以上海为例，利用改进超效率的DEA模型测算了制造业分行业技术创新效率，结果发现不同行业技术创新效率存在显著差异，技术创新效率低于投入产出结构有较大关系。郝晓燕、齐培潇（2013）对内蒙古16个制造业行业的技术创新效率进行了测算，发现内蒙古轻纺制造业的技术创新效率最高，其次是资源加工业，技术创新效率最低的是机械电子制造业。牛泽东和张倩肖（2012）测算了中国装备制造业的技术创新效率，发现中国装备制造业技术创新效率在1997—2010年内呈缓慢增长态势，但仍处于低效率水平。

三、技术创新的影响因素

技术创新的影响因素很多，现有文献主要研究了以下因素。

（1）研发投入

较多学者从理论和实证上都证实了研发投入对技术创新的正向促进作用。赵建英（2010）比较了国有控股企业和“三资”企业技术创新绩效的影响因素，结果表明在这两类企业中，开发新产品经费、科学家与工程师人数对技术创新绩效的影响最大。王税淇、彭良涛、蒋宁（2010）在研究区域技术创新效率影响因素时发现，大中专院校的研发经费对区域技术创新没有显著影响，而科技从业人员数量以及政府的科技投资则均呈现出显著的正面影响。刘秀玲（2011）发现影响研发资本存量对中国出口企业的技术创新具有显著促进作用。胡义东、仲伟俊（2011）基于江苏1562家高新技术企业的研究表明，研发经费投入对高新技术企业的技术创新绩效有显著促进作用。杜志雄、肖卫东（2012）发现有无研发机构对农村中小企业的技术创新能力具有显著影响。王群伟、杭叶、于贝贝（2013）研究了新能源企业技术创新的影响因素，从技术创新投入、技术创新产出、技术创新管理、技术创新示范与推广四个维度出发，发现影响最大的因素包括R&D人员及经费投入、产学研合作水平。许培源、张华（2014）研究了影响福建省技术创新能力的因素，发现研发资本存量是影响该省技术创新能力的重要因素之一。张娜、杨秀云、李小光（2015）的研究发现，研发资金投入对高技术产业的技术创新效应大于人力资本投入。

(2) 外商直接投资

关于外商直接投资（Foreign Direct Investment，FDI）对技术创新的影响，国内外的学者观点迥异，大致有“促进论”和“抑制论”两种观点。

以 Caves（1974）①、Kokko（1994）为代表的学者很早时就肯定了 FDI 的正向溢出效应，认为 FDI 推动了东道国的技术创新，这一观念也得到了 Campos Kinoshita（2002）、Krammer（2009）、Girma 等（2008）的验证。国内学者王税淇、彭良涛、蒋宁（2010）的研究也证实，FDI 对区域技术创新具有显著促进作用。余秀江等（2010）从分析了 FDI 对中国技术创新能力的影响，发现 FDI 虽然在短期内抑制了自主创新行为，但是长期却对技术创新有促进作用。温丽琴、卢进勇、马锦忠（2012）通过行业面板数据的实证研究表明，FDI 促进了中国高技术产业的技术创新能力。林进智、郑伟民（2013）以 1996—2008 年中国信息通信行业为例，证明了 FDI 促进了内资企业的技术创新。熊珍琴、肖新成（2013）研究了中部地区 FDI 对区域创新能力的影响，发现 FDI 对创新的直接影响为负，间接影响为正，总体影响为正。叶娇、王佳林（2014）基于吸引 FDI 最大的省份江苏省的分析发现，FDI 对该省的技术创新存在显著的正溢出效应。张娜、杨秀云、李小光（2015）的研究结果表明，外商直接投资和技术引进对高技术产业的技术创新均具有促进作用。

然而，Harrison（1999）②、Konings（2001）③ 的研究结果却否定了 FDI 对技术创新具有促进作用的观点，他们认为 FDI 对东道国技术创新产生了抑制作用。Kathuria（2000）④、Robinson（2004）⑤ 认为 FDI 对东道国的技术

---

① CAVES R E. Multinational firms, competition and productivity in host country markets [J]. Economics, 1974, 41 (162): 180 - 192.

② AITKEN BJ, HARRISON A E. Do domestic firms benefit from direct foreign investment? Evidence from Venezuela [J]. American economic review, 1999, 89 (3): 606 - 618.

③ KONINGS J. The effect of foreign direct investment on domestic firms: evidence from firm level panel data in emerging economics [J]. Economics of transition, 2001 (9): 619 - 633.

④ KATHURIA V. Productivity spillovers form technology transfer to Indian manufacturing frims [J]. Journal of international development, 2000 (12): 343 - 369.

⑤ HARRIS R, ROBINSON C. Productivity impacts and spillovers from foreign ownership in the United Kingdom [J]. National institute economic review, 2004 (187): 58 - 75.

创新并无明显的作用。李梅、谭力文（2009）研究了FDI对中国技术创新溢出的地区差异及门槛效应，发现在中国经济较发达的东南沿海地区，FDI对技术创新具有促进作用；但是对于经济发展较慢的广大中西部地区，由于存在门槛效应，FDI并没有体现出显著的促进作用，甚至对内蒙古、广西和河南的技术创新造成了不小的冲击。范承泽、胡一帆、郑红亮（2008）研究发现，FDI对中国国内技术创新投入的净作用是负的；FDI在提高国内企业效率的同时，使很多企业产生了惰性，即只顾眼前利益，不愿自己做研发，造成了“FDI对科技研发的替代”。王千里（2012）的研究表明，在华FDI并没有明显地促进中国装备制造业的技术创新。沙文兵（2013）基于中国高技术产业的实证研究表明，FDI知识溢出对内资企业创新能力的提升作用很小。

（3）国际贸易

大部分研究表明，国际贸易对技术创新具有促进作用；也有少数研究表明，由于存在人力资本、经济发展水平等方面的门槛，国际贸易对技术创新并不存在显著作用。关于国际贸易促进技术创新方面的研究，学者们是从出口贸易、进口贸易或贸易壁垒方面展开的。毛其淋（2010）研究发现，进口贸易能够显著地促进中国技术创新。王税淇、彭良涛和蒋宁（2010）的研究证明，进出口贸易对区域技术创新能力呈现显著的正面影响。刘秀玲（2011）、曹玉平（2012）的研究表明，企业出口额对中国出口企业的技术创新具有显著促进作用。郄萌、韩树政（2013）发现对外出口额会促进高新技术企业的技术创新能力，但对不同类型的高新技术企业的作用存在显著差异。许培源、张华（2014）发现，国际贸易促进了福建的技术创新。李平、田朔、刘延华（2014）研究了贸易壁垒对中国技术创新的影响，发现关税壁垒抑制了企业的技术创新，而非关税壁垒则对企业进行技术创新形成了倒逼机制，促进了技术创新。余官胜（2011）基于联立方程组的研究发现，出口贸易和技术创新之间存在相互促进的关系，任何促进技术创新或出口贸易的政策都能够同时促进这两者的发展。郭艳、张群和吴石磊（2013）认为，由于中国吸收能力较差，国际贸易的技术溢出效应为负。顾晓燕和刘丽（2014）的研究发现知识产权贸易促进了中国高新技术产业的技术创新。

关于国际贸易对技术创新无显著作用的研究，学者 Griffth（2000）[①]、Benhabib、Spiegel（2003）[②] 以及 Wang（2007）[③] 的研究发现，由于存在门槛效应，因此只有当东道国的人力资本达到一定水平时，才会存在贸易的技术溢出效应。周经、刘厚俊（2011）研究也证实，国际贸易对技术创新的影响存在区域差异，国际贸易对东部地区的技术创新具有促进作用，但是在西部地区，由于存在经济发展水平和人力资本水平等方面的门槛，国际贸易并不能促进技术创新。阚大学（2013）研究了市场化进程约束下对外贸易对内资企业技术创新的影响，结果表明只有当市场化指数大于等于8.02时，出口才会对内资企业技术创新带来正面影响；当这一值低于8.02时，出口对内资企业技术创新的影响则为负。

（4）政策和制度

学者们基于不同的行业，分析不同的政策对技术创新的影响。盛亚、孔莎莎（2012）分析了知识产权政策对技术创新绩效的影响，结果表明权力界定目标促进了技术创新绩效，而侵权惩戒目标却抑制了技术创新绩效。马富萍、茶娜（2012）基于201家资源型企业的研究表明，命令—控制性的环境规制对技术创新无显著影响，但是激励性和自愿性环境规制对技术创新有显著促进作用。范群林、邵云飞、唐小我（2013）探讨了环境政策对环境技术创新的影响，发现环境政策中的环境影响评估制度和法制制度对技术创新无显著影响，而排污许可证制度和污染限期治理制度对环境技术创新具有负向影响。王文普、陈斌（2013）运用污染物排放量来衡量环境政策的严厉性，发现环境政策越严厉，越有利于环境绿色技术创新。杨杨、曹玲燕、杜剑（2013）基于创业板上市公司的研究表明，企业所得税优惠政策显著地促进了技术创新研发投入的增加。李苗苗、肖洪钧、傅吉新（2014）的实证研究表明，存在某一特定的区间，使得政府财政政策能够促进技术创新，因此，为了促进企业技术创新，政府要实施松紧适度的

---

① GRIFFITH R, REDDING S, REENEN J V. R&D and Absorptive capacity: from theory to data [R]. Mimeo, London school of economic, 2000.

② BENHABIB J, SPIEGEL M. Human capital and technology diffusion [R] Working papers in applied economic theory, Federal Reserve Bank of San Francisco, 2003.

③ WANG Y L. Trade, human capital, and technology spillover: an industrial - level analysis [J]. Journal of international economics, 2007, 15 (2): 169 - 183.

财政政策。郭淑芬、张清华、黄志建（2015）发现研发补贴、税收优惠、融资便利和进口税等公共政策对新能源技术创新具有显著影响，但是对新能源中不同的行业，其影响程度存在差异。

第三节 关于制造业技术创新影响因素的文献综述

一、行业维度制造业技术创新的影响因素

王千里（2012）考察了FDI对中国装备制造业技术创新的影响，结果发现FDI与该行业技术创新的人力资本投入、资金投入以及技术创新产出均没有明显的相关关系，即FDI对该行业的技术创新并没有产生正向溢出效应。王俊（2013）以中国制造业28个行业为样本，实证研究了行业内部R&D投入以及跨国外包R&D溢出对技术创新的影响。结果表明，行业内R&D投入是制造业获取技术创新能力最重要的条件。在跨国外包的三条技术溢出途径中，只有进口溢出效应是显著的，但在不同行业上存在差异；而出口溢出和纯知识溢出对该行业技术创新均没有产生显著促进作用。进而说明中国制造业当地企业难以通过“出口中学习”和“交流中学习”实现技术创新。智强、苏竣、汝鹏、张芳（2013）以中国风电设备制造业为例，研究了政策引导下的新兴产业技术创新模式。他们认为中国风电设备制造业技术创新模式经历了“封闭式自主研发—模仿创新—合作创新—开放式自主创新”的过程，这一过程伴随着全球化不断深入，行业自身的技术能力是其发展的基础，技术转移给该行业带来了较为成熟的技术源泉，技术创新与当地市场发展相结合则是其发展的核心动力。欧绍华、胡玉松（2015）分析了电子及通信制造业技术创新的动力要素及其相互关系，发现政府支持因素、合作创新因素、技术人才因素与该行业技术创新产出呈正相关关系，且技术创新产出结果对该行业中企业的技术创新驱动力强度有直接影响。周霄雪、王永进（2015）研究了跨国零售企业在中国市场的扩张对制造业创新的影响。结果表明，总体而言，跨国零售企业在中国的市

场扩张对中国制造业研发投入具有正向激励作用，且对市场势力较强的中国制造业企业的激励作用更强。然而，跨国零售商的市场势力太强则会对中国制造业企业的研发投入产生抑制作用，只有当中国制造业企业也具有一定的市场势力时，这种抑制作用才会减缓。蒋兰陵（2013）运用30个制造业行业的面板数据，研究了FDI在国有企业、集体企业、私营企业以及外资企业四类不同所有制企业中技术效率溢出程度。结果表明，FDI的技术外溢效应在不同所有制企业中存在较大差异。单纯FDI的比重对各类企业技术创新均呈现不同程度的负向影响，按从业人员加权的技术溢出对国有企业技术创新具有抑制作用，按销售产值加权的溢出效率对四类企业技术创新均具有显著促进作用。

综合所述，现有的文献在分析制造业技术创新能力时，很多学者都选取其中的一些子行业为样本来进行分析，被研究最多的子行业包括高技术行业、装备制造业、电子及通信制造业等，较少有学者对中国制造业所有子行业进行分析。此外，现有学者并没有对制造业不同所有制性质的企业进行细分研究，也较少有学者详细研究制造业内、外资企业在技术创新过程中的互动作用。基于此，本书将通过实证研究力图填补这两方面的研究缺口。

二、区域维度制造业技术创新的影响因素

基于区域维度对制造业技术创新的影响因素进行分析时，学者们从不同的视角，研究了企业规模、制度质量、资本结构、社会资本、高管薪酬等对区域制造业技术创新的影响。

杨飞（2013）基于中国31个地区制造业面板数据，重点分析了制度质量对高技术和中等技术制造业技术创新的影响，认为表征制度质量的因素如产权保护、金融市场化程度、政府与市场的关系以及总体制度质量均对制造业技术创新具有显著促进作用。研究还发现，FDI进入对整体高技术产业技术创新并无显著影响，而且对中等技术制造业产生了负向影响。基于此，杨飞认为只有采取加强产权保护、正确鉴定政府在市场经济中的职能，深化金融市场改革等市场化改革措施才能从根本上提升中国高技术和中等

技术制造业的技术创新；而且由于FDI对该产业技术创新的影响为负，建议取消政府给予外企的各种超国民待遇，改而鼓励地方政府通过加强制度建设来吸引外资。杨以文（2013）分析了长江三角洲地区国际代工制造业与企业技术创新之间的关系，结果表明，代工企业通过组织学习、进行知识编码与融合，可以提高其渐进性创新与突破性创新的能力，且代工企业升级能力越强，其获取突破性创新的可能性越大。林洲钰（2014）研究了中国各地区社会资本水平差异对企业技术创新的促进作用，结果表明，不管是从技术创新投入还是从技术创新产出来看，社会资本同物质资本、人力资本一样，可以促进企业技术创新能力的提升，且在内资股权比例越高的企业中，这种促进作用就越明显。唐建荣、石文（2015）运用贝叶斯模型平均方法，对江苏制造业上市公司技术创新的影响因素进行了较全面地考察，发现影响企业技术创新的关键因素有企业规模、资本结构、资本密集程度、企业管理费用、高管年龄、高管薪酬、董事会规模、税费返还八项指标。苏屹和姜雪松（2015）研究发现，中国各地区域高技术企业技术创新能力差异较为明显，形成广东第一梯队，江苏第二梯队，北京、上海、浙江、山东、四川、陕西第三梯队，其他省份第四梯队的局面。购买国内技术经费支出、技术改造经费支出以及科技活动人员数量等会在较大程度上促进该产业的技术创新。

综合现有文献，虽然研究区域制造业技术创新影响因素的文献比较丰富，但现有文献多是基于作者的主观想法，仅从不同侧面分析影响区域创新的因素，缺乏对区域技术创新影响因素的系统分析。鉴于此，本书在区域维度分析制造业技术创新的影响因素时，首先基于区域创新系统理论构建一个系统分析框架，在此基础上分析各个创新主体对技术创新的影响。

第四节　文献述评

前文已提及，近年来国内外学者对制造业技术创新的影响因素进行了大量研究，也取得了比较丰富的研究成果。但是，仍存在以下不足。

第一，综合行业维度的研究可知，现有的文献在分析制造业技术创新能力时，很多学者都选取其中的某个子行业为样本来进行分析，被研究最多的子行业包括高技术行业、装备制造业、电子及通信制造业等，较少有学者对中国制造业所有子行业进行分析。此外，现有学者并没有对制造业不同所有制性质的企业进行细分研究，也较少有学者详细研究制造业内、外资企业在技术创新过程中的互动作用。本书认为，制造业技术创新能力的提升主要指制造业内资企业技术创新能力的提升，倘若将内、外资企业混在一起，不利于得出比较有意义的结论。

第二，综合区域维度的研究可知，现有文献多是基于作者的主观想法，从不同侧面分析影响区域创新的因素，缺乏一个完整的关于区域技术创新影响因素的理论分析框架。影响技术创新的因素纷繁复杂，唯有掌握主要影响因素，才能有针对性地提出提高技术创新能力的政策建议。

总之，现有文献非常分散，多是基于制造业内某一个行业或某一个地区来进行研究，缺乏不同所有制企业、不同行业及不同地区之间的对比研究，无法得知中国制造业技术创新能力及影响因素的全貌。

鉴于此，本书将构建一个分析中国制造业技术创新影响因素的总体框架，从行业维度和区域维度出发，对制造业中不同所有制企业、不同行业及不同地区制造业技术创新现状进行分析的基础上，通过理论分析和实证分析深入探究影响技术创新的因素。从行业维度进行分析时，对技术创新的内、外部资源进行了理论分析，并在此基础上建立起分析模型；从区域维度进行分析时，介绍了区域创新系统理论，并在此基础上建立起分析模型。通过对行业和区域中国制造业技术创新影响因素的双维度分析，深入探讨不同行业、不同地区技术创新的影响因素，以期为提升中国制造业技术创新能力提供有针对性的政策建议。

第二章

制造业技术创新现状分析

本章主要运用统计分析方法，分析制造业技术创新现状。第一节介绍了制造业代表性行业和地区的选取；第二节对中国制造业整体发展现状、行业维度及区域维度的发展现状进行了分析；第三节在第二节的基础上，从技术创新的投入和产出两个方面，分析了中国制造业行业维度和区域维度的技术创新现状。第四节对美国、日本、德国制造业的技术创新现状作了一个概述性的分析，总结了这些发达国家制造业技术创新的经验。在此基础上得出本章的结论：中国制造业“大而不强”，在中国传统比较优势逐渐消失，技术创新水平远远落后于发达国家的情况下，唯有通过技术创新才能提升中国制造业的国际产业链分工层次，进而提高该行业的国际竞争力。

第一节　代表性行业和地区的选取

根据中国《国民经济行业分类》（GB/T4754－2011），按照从事一种或主要从事一种活动确定其行业性质，将制造业门类分成31个2位码的大类行业，在下一层次的划分中，还有3位码的中类和4位码的小类。由于国家统计局等提供的统计资料中，大部分制造业统计数据都反映的是2位码大类行业的情况，进一步细分的资料有很多缺失。鉴于此，本章也将制造业中的2位码大类行业作为考察对象。

由于统计年鉴每年对制造业各行业的统计口径不尽相同，因此，在查找数据之前，先对统计口径进行统一处理。笔者对2010—2014年这五年统计年鉴上对制造业各行业的统计口径的分析发现，2013—2014年的统计口径与2010—2012年有所不同。有三点变动：第一，将原来的橡胶制品业、塑料制品业合并为“橡胶和塑料制品业”；第二，在“交通运输设备制造业”中将“汽车制造业”单列出来了；第三，2013年之前《中国工业统计年鉴》中的“仪器仪表及文化、办公用机械制造业”和“工艺品及其他制造业”这两项，在2013年之后的《中国工业统计年鉴》中改为“仪器仪表制造业”、“其他制造业”和“金属制品、机械和设备修理业”这三项。

鉴于这些变动，为了统一研究口径便于数据分析，本书做了如下调整：第一，将2009—2011年中橡胶制品业和塑料制品业合并起来，合并为“橡胶和塑料制品业”；第二，将2012、2013两年的汽车制造业与铁路、船舶、航空航天和其他运输设备制造业合并起来，加总为“交通运输设备制造业”；第三，由于2013年之后的“仪器仪表制造业”、“工艺品及其他制造业”、“其他制造业”等分类方法与2013年之前的统计范围不一致，导致数据悬殊，故本书不研究这三项；第四，由于2012年才开始统计“金属制品、机械和设备修理业”，而本书研究时间为2009—2013年，加之该行业占制造业总行业的比重较低，故本书的研究也不涉及该行业；第五，考虑到本书要对不同性质企业进行对比研究，而外资（含港澳台）企业不涉及烟草制品业，故也不研究该行业。调整之后，本书的研究对象共包括制造业内25个行业，如表2-1所示：

表2-1　　　制造业行业分类（本研究的统计口径）

编号	行　业	编号	行　业
H1	农副食品加工业	H14	医药制造业
H2	食品制造业	H15	化学纤维制造业
H3	饮料制造业	H16	橡胶和塑料制品业
H4	纺织业	H17	非金属矿物制品业
H5	纺织服装、鞋、帽制造业	H18	黑色金属冶炼及压延加工业
H6	皮革、毛皮、羽毛（绒）及其制品业	H19	有色金属冶炼及压延加工业

续表

编号	行　业	编号	行　业
H7	木材加工及木、竹、藤、棕、草制品业	H20	金属制品业
H8	家具制造业	H21	通用设备制造业
H9	造纸及纸制品业	H22	专用设备制造业
H10	印刷业和记录媒介的复制	H23	交通运输设备制造业
H11	文教体育用品制造业	H24	电气机械及器材制造业
H12	石油加工、炼焦及核燃料加工业	H25	通信设备、计算机及其他电子设备制造业
H13	化学原料及化学制品制造业		

资料来源：2013 年《中国工业统计年鉴》。

在代表性地区的选取上，由于整个西部地区（除了重庆和陕西），以及山西、海南等地区制造业技术创新投入和产出方面的数据在统计年鉴上没有统计，且这些地区制造业产值相对较小，故本书剔除了这些地区。本书研究的 19 个地区包括北京、天津、河北、辽宁、上海、江苏、浙江、福建、山东、广东、吉林、黑龙江、安徽、江西、河南、湖北、湖南、重庆、陕西；且这 19 个地区 2013 年制造业销售产值占全国总销售产值的比重为 89.5%①。

第二节　中国制造业发展现状分析

一、制造业整体发展现状分析

自改革开放以来，中国经济取得了快速发展。与此同时，制造业凭借着劳动力、自然资源及政府政策等优势不断发展壮大，“中国制造”走向了全球，中国成为名副其实的“世界工厂”。改革开放前，中国制造业无论在总量上还是在生产力水平上都是落后的；改革开放后，在逐渐宽松的政策

① 根据 2013 年《中国工业统计年鉴》的相关数据计算得出。

环境下，中国制造业的潜力被极大地挖掘出来。改革后的前十年，中国制造业开始复苏；此后，“邓小平南方讲话”、“民工潮”、日益上升的消费水平等因素促使中国制造业迅速崛起；之后，中国于2001年加入WTO，这使中国制造业产品的海外销售市场迅速扩张，而且大力引入外商投资的举措为中国制造业引入了先进的技术和管理经验，这些因素促使中国制造业快速发展，不断超越德国、日本以及美国，于2010年登上了全球制造业产值第一的宝座。

（1）制造业总体规模不断扩大，但其增加值占GDP的比重有下降趋势

2001—2013年，中国制造业增加值不断增加，由2001年的22370亿元增长至2013年的177013亿元。同时，制造业销售产值在逐年增加，2001年制造业销售产值为82459亿元，2013年上涨至895412亿元。制造业增加值占GDP的比重呈先上升后下降趋势，先从2001年的20.4%上升至2007年的32.9%，但从2007年以后，这一比重呈下降趋势，由2007年的32.9%逐渐下降至2013年的31.1%（见表2-2）。

表2-2　2001—2013年制造业增加值及其占GDP的比重

年份	制造业增加值（亿元）	制造业销售产值（亿元）	GDP（亿元）	制造业增加值占GDP的比重（%）
2001	22370	82459	109655	20.4
2002	26371	96365	120333	21.9
2003	34089	124618	135823	25.1
2004	51749	197805	159878	32.4
2005	60118	213387	184937	32.5
2006	71213	269082	216314	32.9
2007	87456	346546	265810	32.9
2008	102540	430689	314045	32.7
2009	110119	457223	340903	32.3
2010	130283	596916	401513	32.4
2011	153063	701910	473104	32.4
2012	165653	792229	519470	31.9
2013	177013	895412	568845	31.1

资料来源：2002—2014年《中国统计年鉴》及《中国工业统计年鉴》。

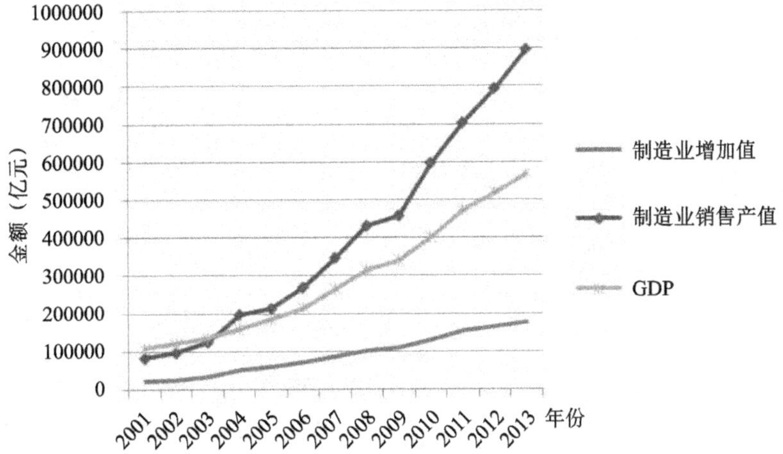

图 2-1 2001—2013 年制造业增加值、销售产值及 GDP 的变化趋势

资料来源：2002—2014 年《中国统计年鉴》。

(2) 制造业出口规模不断扩大，但出口占比呈下降趋势

总体来看，2001—2013 年，中国制造业出口交货值呈上升态势。受 2008 年金融危机的影响，2009 年出口额出现了小幅度下滑，由 2008 年 82043 亿元下滑至 2009 年 69592 亿元；之后随着国际经济的复苏，制造业出口额又开始回升，2013 年制造业出口额达到 112433 亿元。在制造业出口规模总体上升的同时，制造业出口占比却呈下降趋势。2008 年金融危机之前，制造业出口占比基本在 20% 以上，2008 年出口占比降至 19%；2009 年下降至 15.2%。此后这一值仍继续下滑，2010—2013 年，制造业出口占比分别为 15.0%、12.2%、13.4% 和 12.6%。从制造业出口占全国总出口的比例来看，2001—2013 年的均值为 78%（见表 2-3）。

表 2-3 2001—2013 年中国制造业出口交货值及出口比例

年份	制造业工业销售产值（亿元）	出口交货值（亿元）	制造业出口占比（%）	制造业出口占总出口的比例（%）
2001	82459	15883	19.3	72.1
2002	96365	19671	20.4	73.0
2003	124618	26526	21.3	73.1
2004	197805	40484	20.5	82.4

续表

年份	制造业工业销售产值（亿元）	出口交货值（亿元）	制造业出口占比（%）	制造业出口占总出口的比例（%）
2005	213387	47082	22.1	75.2
2006	269082	59873	22.3	77.2
2007	346546	72890	21.0	77.9
2008	430689	82043	19.0	81.7
2009	457223	69592	15.2	84.8
2010	596916	89531	15.0	83.7
2011	701910	85703	12.2	69.5
2012	792229	106321	13.4	82.2
2013	895412	112433	12.6	82.0

资料来源：2002—2014 年《中国工业统计年鉴》及《中国统计年鉴》。

（3）制造业中 FDI 总规模及占比均呈波动性下降趋势

2001—2013 年，制造业吸收 FDI 的总规模呈波动性下降态势（见表 2－4和图 2－2）。从制造业中 FDI 实际使用金额来看，2001 年为 4043.1 亿元，之后 2002 年和 2003 年大幅上涨，在 2003 年达到峰值 6683.5 亿元，此后基本呈下降趋势，2013 年降为 2820.9 亿元。从制造业 FDI 占全国 FDI 总额的比重来看，2001—2005 年，该值围绕 70% 进行小幅波动，2006 年该值下降至 63.6%，此后一直在 60% 以下，2013 年降为 38.7%。

表 2－4　2001—2013 年中国制造业 FDI 实际使用金额及其占比

年份	制造业中 FDI 实际使用金额（亿元）	FDI 实际使用总金额（亿元）	制造业中 FDI 占总 FDI 的比例（%）
2001	4043.1	5727.2	70.6
2002	4905.8	6850.7	71.6
2003	6683.5	9524.3	70.2
2004	3560.5	5018.2	71.0
2005	3477.6	4941.6	70.4
2006	3194.9	5024.0	63.6
2007	3107.4	5685.4	54.7

续表

年份	制造业中 FDI 实际使用金额（亿元）	FDI 实际使用总金额（亿元）	制造业中 FDI 占总 FDI 的比例（%）
2008	3465.2	6416.9	54.0
2009	3195.0	7222.8	44.2
2010	3357.3	6095.2	55.1
2011	3365.2	7493.2	44.9
2012	3084.5	7051.5	43.7
2013	2820.9	7282.1	38.7

资料来源：2002—2014 年《中国统计年鉴》。

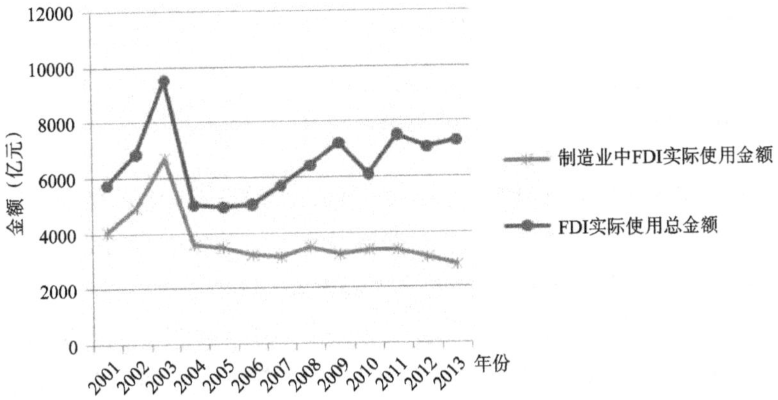

图 2-2　2001—2013 年中国制造业 FDI 变化趋势

资料来源：2002—2014 年《中国统计年鉴》。

（4）制造业不同所有制企业占比基本保持稳定

从制造业中不同所有制企业的产值来看，近几年国有及国有控股企业、内资企业以及外资企业（含港澳台）制造业产值均呈逐年上升趋势（见表 2-5）。但各类所有制企业制造业产值占制造业总产值的比重基本保持稳定，国有及国有控股企业制造业产值占比基本保持在 19% 左右，内资企业制造业占比大约为 75%，外资企业制造业占比约为 25%。

（5）制造业空间分布呈东中西逐渐递减的格局，自东向中转移的趋势明显

从空间分布情况来看，中国制造业主要集中在东部地区。图 2-3 是

表 2－5　　不同所有制企业制造业总产值及其占比情况

制造业总产值	2009 年	2010 年	2011 年	2012 年	2013 年
国有及国有控股企业（亿元）	88227.29	109748.42	144025.76	157331.45	166682.74
内资企业（亿元）	175101.00	222283.78	524539.78	591009.67	673366.34
外资企业（含港澳台）（亿元）	106435.44	133680.82	211474.63	214652.61	234721.80
国有及国有控股企业占比（%）	19.30	18.39	19.57	19.53	18.36
内资企业占比（%）	38.30	37.24	71.27	73.36	74.15
外资（含港澳台）占比（%）	23.28	22.40	28.73	26.64	25.85

注：由于统计数据不全，2009、2010 年内资企业制造业数据为大型企业数据，这也是导致 2009、2010 年内资企业制造业产值及占比远低于 20111、2012 及 2013 年的原因。

资料来源：2010—2014 年《中国工业统计年鉴》。

2009—2013 年中国制造业在中、东、西部的分布情况。图中显示，东部地区近几年来制造业销售产值占比情况虽有所下降，但仍然保持在 60% 以上。进一步计算可知，东部地区的制造业大部分集中在江苏、山东、广东、浙江四个省份。2013 年上述四个省份制造业销售产值占比分别为 14.19%、13.17%、11.04% 和 6.30%，累计占比高达 44.70%，占整个东部地区制造业的 70%。相比之下，中部和西部地区制造业占比较小。图 2－3 显示，中部地区制造业占比 2009—2013 年有所上升，这是由于中国沿海地区生产成本不断上升，导致制造业基地逐渐向中部地区转移；而西部地区制造业占比变化幅度较小。

二、行业维度制造业发展现状分析

本书从制造业各行业销售产值及其比重、各行业平均就业人数以及营业利润率三个指标来描述行业维度制造业发展现状。

（1）制造业各行业销售产值情况

从制造业各行业的销售产值来看（见表 2－6），排序靠前的 4 个行业分

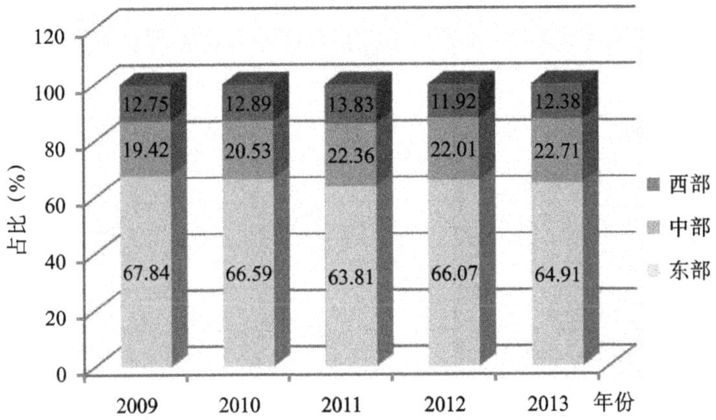

图 2-3 2009—2013 年东、中、西部制造业销售产值占比情况

资料来源：2010—2014 年《中国工业统计年鉴》。

别是通信设备、计算机及其他电子设备制造、化学原料及化学制品制造业、黑色金属冶炼及压延加工业、电气机械和器材制造业，其销售产值分别为 78318.6 亿元、75771.1 亿元、72197.9 亿元和 61442.1 亿元，4 个行业占制造业总销售产值的比重均在 7% 以上，累计占比达到 33.62%。总体来说，资本密集型和技术密集型行业的销售产值较大，占比也高，而大部分劳动密集型行业的销售产值较小，占比也低。排序靠后的 3 个行业是化学纤维制造业、家具制造业，以及印刷和记录媒介复制业，其占制造业总销售产值的比重均不足 1%，3 个行业的累计占比不足 1.5%。从 2013 年各行业销售产值占总产值的比例来看，25 个行业中有 9 个行业的占比在 2% 以下，8 个行业的占比在 3%—8% 之间，占比在 5%—8% 以及 8% 以上的行业个数分别为 5 个和 3 个，即制造业中大部分行业销售产值占总销售产值的比重都在 5% 以下。

表 2-6　　2013 年制造业各行业销售产值及其占比排名

排名	行　业	销售产值（亿元）	销售产值占制造业总销售产值的比重（%）	累计占比（%）
1	计算机、通信和其他电子设备制造业	78318.6	9.15	9.15
2	化学原料和化学制品制造业	75771.1	8.85	18.00

续表

排名	行业	销售产值（亿元）	销售产值占制造业总销售产值的比重（%）	累计占比（%）
3	黑色金属冶炼及压延加工业	72197.9	8.44	26.44
4	电气机械和器材制造业	61442.1	7.18	33.62
5	农副食品加工业	59643.1	6.97	40.59
6	交通运输设备制造业	58552.7	6.84	47.43
7	非金属矿物制品业	52253.1	6.11	53.54
8	通用设备制造业	43314.8	5.06	58.60
9	有色金属冶炼和压延加工业	42667.6	4.99	63.59
10	石油加工、炼焦和核燃料加工业	40168.4	4.69	68.28
11	纺织业	35446.7	4.14	72.42
12	金属制品业	33207.4	3.88	76.30
13	专用设备制造业	32467.8	3.79	80.09
14	橡胶和塑料制品业	27639.7	3.23	83.32
15	医药制造业	20129.2	2.35	85.67
16	纺织服装、服饰业	19382.3	2.27	87.94
17	食品制造业	18039.2	2.11	90.05
18	饮料制造业	15149.4	1.77	91.82
19	造纸和纸制品业	12976.6	1.52	93.34
20	文教、工美、体育和娱乐用品制造业	12693.8	1.48	94.82
21	皮革、毛皮、羽毛及其制品和制鞋业	12526.5	1.46	96.28
22	木材加工和木、竹、藤、棕、草制品业	12054.2	1.41	97.69
23	化学纤维制造业	6974.8	0.82	98.51
24	家具制造业	6618.2	0.77	99.28
25	印刷和记录媒介复制业	6063.3	0.72	100.00

注：本书原意是分析制造业各行业总产值的情况，但由于2013、2014年《中国工业统计年鉴》中只有制造业各行业销售产值数据，而无制造业各行业总产值数据，为保持分析的一致性，本书只分析制造业各行业销售产值情况。

资料来源：2014年《中国工业统计年鉴》。

此外，为了更清楚地了解制造业发展情况，还可以结合各行业的增长率来看。如图 2－4 所示，从各行业 2013 年销售产值的增长率来看，大部分行业的增长率为 15% 左右，少数行业的增长率距离该平均水平较远。印刷业和记录媒介的复制业销售产值的增长率最高，接近 35%；其次是文教体育用品制造业，增长率超过了 25%，非金属矿物制品业和医药制造业的增长率也在 20% 左右。绝大多数行业 2013 年的销售产值呈正向增长，只有交通运输设备制造业这一个行业的销售产值呈负增长，增长率为 －11.52%，该行业 2012 年的增长率为 6.87%。

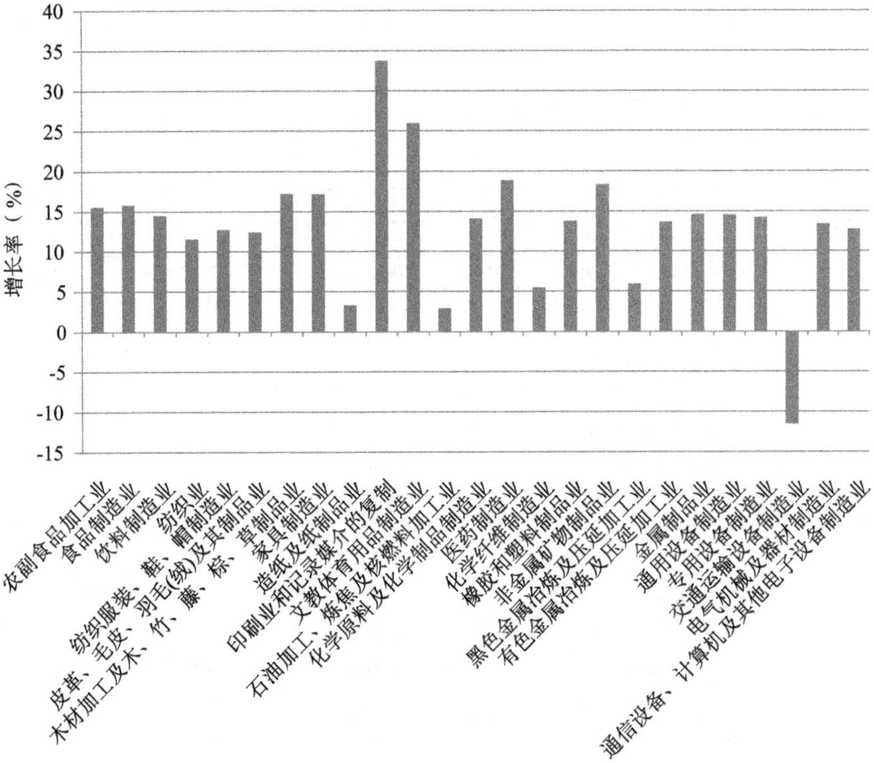

图 2－4　制造业各行业 2013 年销售产值的增长率

资料来源：2014 年《中国工业统计年鉴》。

制造业各行业的人均销售产值在一定程度上可以反映各行业劳动生产率的高低。表 2－7 显示，制造业人均销售产值的均值为 95.7 万元/人，在本书所选的 25 个行业中，只有 9 个行业的人均销售产值在均值之上，其余

16 个行业的人均销售产值都小于均值。其中，人均销售产值排序靠前的 3 大行业为石油加工、炼焦和核燃料加工业，有色金属冶炼和压延加工业，黑色金属冶炼和压延加工业。其人均销售产值分别为 321.0 万元/人、178.4 万元/人和 175.5 万元/人，说明在这些资本密集型的行业中，劳动生产率较高。相反，在一些劳动密集型行业中，如纺织业，家具制造业，文教、工美、体育和娱乐用品制造业，纺织服装、服饰业，皮革、毛皮、羽毛及其制品和制鞋业等行业的人均销售产值较低，不足 60 万元/人。

表 2-7　2013 年制造业各行业人均销售产值及排名

排名	行业	销售产值（亿元）	平均就业人数（万人）	人均销售产值（万元/人）
1	石油加工、炼焦和核燃料加工业	30342.0	94.5	321.0
2	有色金属冶炼和压延加工业	36558.5	204.9	178.4
3	黑色金属冶炼和压延加工业	73021.0	416.0	175.5
4	化学原料和化学制品制造业	68850.9	494.9	139.1
5	化学纤维制造业	6481.7	48.5	133.6
6	农副食品加工业	49420.1	418.2	118.2
7	计算机、通信和其他电子设备制造业	85174.3	880.5	96.7
8	电气机械和器材制造业	60184.1	623.2	96.6
9	交通运输设备制造业	58865.2	613.6	95.9
10	医药制造业	18881.0	208.6	90.5
11	造纸和纸制品业	12644.7	140.4	90.1
12	通用设备制造业	42688.4	476.1	89.7
13	专用设备制造业	31457.3	352.1	89.3
14	饮料制造业	13807.5	157.8	87.5
15	金属制品业	32209.4	372.0	86.6
16	非金属矿物制品业	49027.2	568.6	86.2
17	木材加工和木、竹、藤、棕、草制品业	11070.6	138.1	80.2
18	食品制造业	15812.2	200.9	78.7
19	橡胶和塑料制品业	25558.9	334.9	76.3
20	印刷和记录媒介复制业	5916.7	92.3	64.1
21	纺织业	30479.9	486.3	62.7
22	家具制造业	6237.1	115.8	53.8
23	文教、工美、体育和娱乐用品制造业	11713.5	222.9	52.6
24	纺织服装、服饰业	17782.7	455.1	39.1
25	皮革、毛皮、羽毛及其制品和制鞋业	11245.40	296.90	37.88
总计		805430.3	8413.0	95.7（均值）

资料来源：2014 年《中国工业统计年鉴》。

（2）制造业各行业平均就业人数

本书所选25个制造业行业人员共有8413万人，大部分行业的平均就业人数集中在200万—600万人之间，只有3个行业的平均就业人数超过了600万人的行业，少于200万人的行业只有7个。其中，通信设备、计算机及其他电子设备制造业的就业人数最多，为880.50万人，其次电气机械和器材制造业、交通运输设备制造业，二者就业人数也都超过了600万人。石油加工、炼焦和核燃料加工业，印刷和记录媒介复制业，以及化学纤维制造业这3个行业的平均就业人数不足100万人，是25个行业中就业人数最少的行业（见图2－5）。

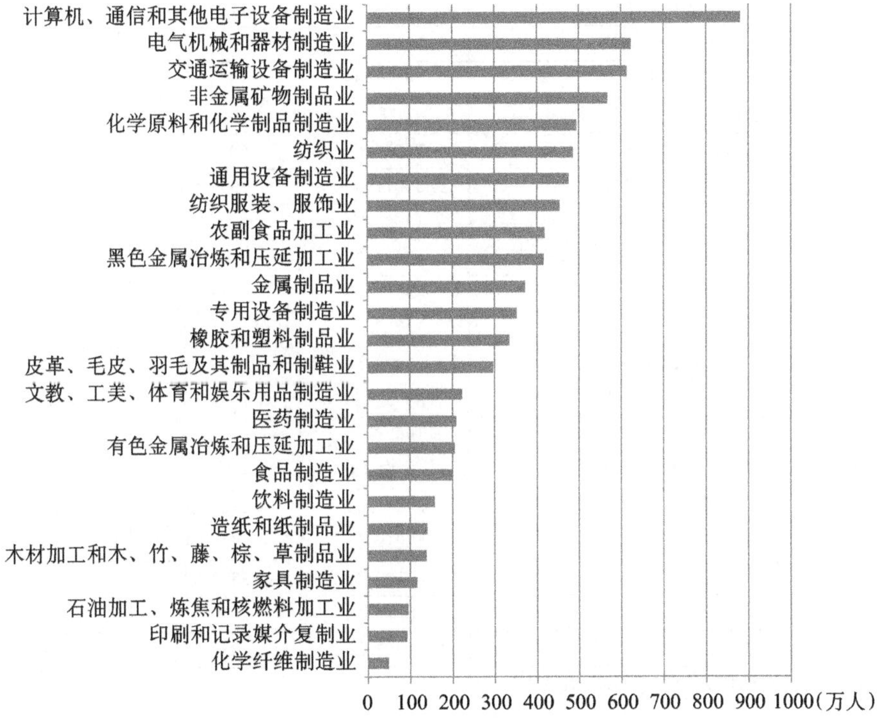

图2－5　2013年制造业各行业平均就业人数（万人）

资料来源：2014年《中国工业统计年鉴》。

（3）制造业各行业营业利润率

从表2－8可知，2013年制造业平均营业利润率为6.00%，在25个行业中，超过平均营业利润率的有16个，低于这一值的有9个。其中，营业利润率最高的4个行业依次是饮料制造业、医药制造业、食品制造业、印刷和记录媒介复制业，其营业利润率分别为11.15%、10.19%、8.80%和8.03%；营业利润率最低的行业是石油加工、炼焦和核燃料加工业，其营业利润率仅为1.65%，其次黑色金属冶炼和压延加工业的营业利润率也不足3%，为2.86%。可见不同行业之间利润率差距比较大。

表2-8　2013年制造业各行业营业利润率及其排名

排名	行业	营业收入（亿元）	营业利润（亿元）	营业利润率（%）
1	饮料制造业	15369.19	1714.19	11.15
2	医药制造业	20523.15	2091.58	10.19
3	食品制造业	18577.30	1635.64	8.80
4	印刷和记录媒介复制业	6021.76	483.55	8.03
5	交通运输设备制造业	76274.65	6032.23	7.91
6	非金属矿物制品业	52011.95	3972.50	7.64
7	木材加工和木、竹、藤、棕、草制品业	12007.75	876.39	7.30
8	皮革、毛皮、羽毛及其制品和制鞋业	12654.97	912.16	7.21
9	通用设备制造业	43637.10	3077.23	7.05
10	专用设备制造业	32773.57	2301.51	7.02
11	橡胶和塑料制品业	27873.54	1913.37	6.86
12	金属制品业	33259.69	2194.07	6.60
13	纺织服装、服饰业	19475.70	1272.20	6.53
14	家具制造业	6647.18	433.86	6.53
15	电气机械和器材制造业	61657.11	3869.06	6.28
16	造纸和纸制品业	12919.61	777.29	6.02
17	农副食品加工业	60169.39	3593.71	5.97
18	纺织业	36117.41	2150.21	5.95
19	文教、工美、体育和娱乐用品制造业	12948.23	760.98	5.88
20	化学原料和化学制品制造业	76746.02	4502.22	5.87
21	计算机、通信和其他电子设备制造业	78965.02	3650.13	4.62
22	有色金属冶炼和压延加工业	47276.80	1974.04	4.18
23	化学纤维制造业	7074.29	261.74	3.70
24	黑色金属冶炼和压延加工业	76249.05	2184.06	2.86
25	石油加工、炼焦和核燃料加工业	41009.45	677.59	1.65
总计		888239.88	53311.51	6.00（均值）

资料来源：2014年《中国工业统计年鉴》。

三、区域维度制造业发展现状分析

由于统计年鉴上没有各地区制造业生产总值和增加值的数据，本书用各地区制造业销售产值、制造业就业人数、制造业主营业务利润率等指标来简要衡量制造业发展现状。

(1) 各地区制造业销售产值情况

一个地区的制造业销售产值在一定程度上能够反映该地区制造业生产规模的大小，其占中国制造业总销售产值的比重能够反映该地区制造业在全国的地位。从表2-9可以看出，2013年制造业销售产值排名前三的省份分别是江苏、山东和广东，销售产值分别高达127052.96亿元、117913.04亿元和98891.58亿元，占制造业总销售产值的比重分别为14.19%、13.17%和11.04%，三个省的合计占比逼近40%。另外，山西、云南、甘肃、新疆、贵州、宁夏、海南、青海和西藏的制造业销售产值占总销售产值的比重均不足1%；特别是排名最靠后的西藏，2013年制造业销售产值仅为56.69亿元，占比仅为0.01%。表中显示，制造业销售产值排名靠前的7个省的制造业销售产值的累计占比高达60%，说明中国制造业主要集中在这些地区；而制造业销售产值排名靠后的17个省份累计占比不足15%。同时，表2-9中还可以看出，东部地区制造业总销售产值为581153.56亿元，占全国制造业总销售产值的比重高达64.91%；中部地区制造业总销售产值仅约为东部地区的三分之一，为203322.04亿元，占全国制造业总销售产值的比重为22.71%；而西部地区制造业销售产值仅为110936.63亿元，占全国制造业总销售产值的比重仅为12.38%。

表2-9　　2013年各地区制造业销售产值及其占比排名

排名	地区	制造业销售产值（亿元）	占全国制造业销售产值比重（%）	累计占比（%）
1	江苏	127052.96	14.19	14.19
2	山东	117913.04	13.17	27.36
3	广东	98891.58	11.04	38.40
4	浙江	56427.19	6.30	44.70

续表

排　名	地　区	制造业销售产值（亿元）	占全国制造业销售产值比重（%）	累计占比（%）
5	河　南	51124.22	5.71	50.41
6	辽　宁	46355.38	5.18	55.59
7	河　北	37803.85	4.22	59.81
8	湖　北	35157.67	3.93	63.74
9	上　海	30590.58	3.42	67.16
10	福　建	30404.05	3.40	70.55
11	四　川	29685.70	3.32	73.87
12	湖　南	28732.71	3.21	77.07
13	安　徽	28728.26	3.21	80.28
14	江　西	22567.43	2.52	82.80
15	天　津	22139.58	2.47	85.28
16	吉　林	19422.11	2.17	87.45
17	广　西	15459.74	1.73	89.17
18	重　庆	14182.33	1.58	90.76
19	陕　西	12323.30	1.38	92.13
20	北　京	12080.17	1.35	93.48
21	内蒙古	12036.45	1.34	94.83
22	黑龙江	9410.67	1.05	95.88
23	山　西	8178.97	0.91	96.79
24	云　南	7465.52	0.83	97.62
25	甘　肃	5685.78	0.63	98.26
26	新　疆	5522.92	0.62	98.88
27	贵　州	4759.77	0.53	99.41
28	宁　夏	2283.81	0.26	99.66
29	海　南	1495.18	0.17	99.83
30	青　海	1474.62	0.16	99.99
31	西　藏	56.69	0.01	100.00
—	东　部	581153.56	64.91	64.91
—	中　部	203322.04	22.71	87.62
—	西　部	110936.63	12.38	100.00

注：表中东、中、西部数据是本书根据相应省份数据加总而来。东、中、西部的划分沿用了国家统计局的划分方法，其中东部包括北京、天津、河北、辽宁、上海、江苏、浙江、福建、山东、广东和海南11个地区，中部包括山西、吉林、黑龙江、安徽、江西、河南、湖北和湖南8个地区，西部包括内蒙古、广西、重庆、四川、贵州、云南、西藏、陕西、甘肃、青海、宁夏和新疆12个地区。

资料来源：2014年《中国工业统计年鉴》。

再对比一下中国东、中、西部制造业销售产值占全国比重的变化趋势，从图 2－6 可知，总体而言，东部地区制造业销售产值份额呈下降趋势，中部地区则呈上升趋势，西部地区的变化趋势不太明显。东部地区制造业销售产值占比从 2009 年的 67.84% 下降至 2010 年的 66.59%、2011 年的 63.81%，在 2012 年出现小幅上涨之后，2013 年这一占比再次下降至 64.91%。中部地区制造业销售产值占比则从 2009 年的 19.42%，逐渐上升至 2010 年的 20.53%、2011 年的 22.36%，在 2012 年经历小幅下降之后，再次回升至 2013 年 22.71%。东部地区制造业占比的下降和中部地区制造业占比的上升，正说明了中国 2009—2013 年沿海地区生产成本不断上升导致制造业基地逐渐向中部地区转移。

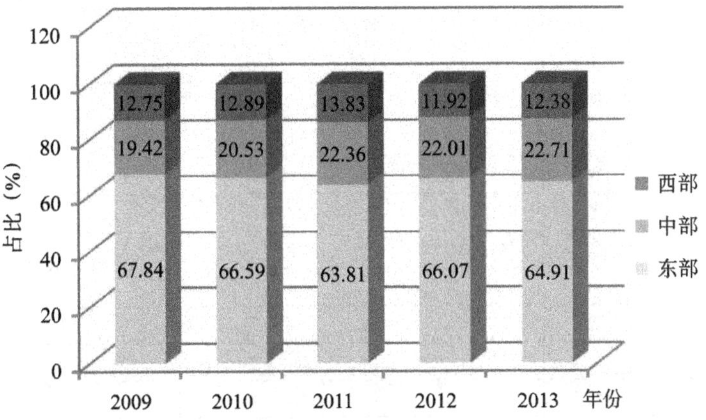

图 2－6 2009—2013 年东、中、西部制造业销售产值占比情况

资料来源：2010—2014 年《中国工业统计年鉴》。

另外，制造业销售产值占工业总销售产值的比重可以反映一个地区制造业在工业中的地位，也可以反映一个地区制造业发展对工业发展的贡献大小。从表 2－10 可以看出，制造业是工业的绝对主体，在全国 31 个地区中，有 9 个省份制造业销售产值占工业总销售产值的比重超过了 90%，超过 80% 的则一共有 19 个省份。而像内蒙古、西藏、山西等矿产资源丰富的地区，其制造业销售产值占工业总销售产值的比重则不足 60%。排名显示，制造业占工业比重大的地区同时也是经济较发达的地区；反之，则是经济较落后的地区。这在一定程度上说明了制造业对区域经济发展做出了较大贡献。

表 2－10　　2013 年各地区制造业销售产值占工业销售产值的占比排名

排　名	地　区	制造业销售产值（亿元）	工业销售产值（亿元）	制造业销售产值占工业销售产值的比重（%）
1	上　海	30590.58	31945.81	95.76
2	江　苏	127052.96	132721.45	95.73
3	广　东	98891.58	106853.68	92.55
4	湖　北	35157.67	38107.78	92.26
5	福　建	30404.05	33003.96	92.12
6	浙　江	56427.19	61280.59	92.08
7	山　东	117913.04	128488.73	91.77
8	江　西	22567.43	24603.16	91.73
9	重　庆	14182.33	15475.67	91.64
10	辽　宁	46355.38	51734.67	89.60
11	吉　林	19422.11	21690.90	89.54
12	湖　南	28732.71	32157.78	89.35
13	广　西	15459.74	17437.82	88.66
14	安　徽	28728.26	32913.47	87.28
15	河　南	51124.22	58779.98	86.98
16	四　川	29685.70	34544.52	85.93
17	海　南	1495.18	1747.45	85.56
18	天　津	22139.58	26012.36	85.11
19	河　北	37803.85	45232.82	83.58
20	甘　肃	5685.78	7460.39	76.21
21	云　南	7465.52	9831.22	75.94
22	北　京	12080.17	17186.60	70.29
23	黑龙江	9410.67	13415.89	70.15
24	陕　西	12323.30	18151.04	67.89
25	宁　夏	2283.81	3429.23	66.60
26	新　疆	5522.92	8447.80	65.38
27	青　海	1474.62	2308.34	63.88
28	贵　州	4759.77	7650.47	62.22
29	内蒙古	12036.45	20108.84	59.86
30	西　藏	56.69	97.09	58.39
31	山　西	8178.97	16585.80	49.31

资料来源：2014 年《中国工业统计年鉴》。

（2）各地区制造业就业人数

一个地区制造业就业人数占该地区总就业人数的比重可以从另一个侧面反映制造业对该地区经济的贡献作用。东、中、西部制造业就业人数分别为5655.98万人、1907.24万人和1050.33万人，占各地区总就业人数的比重分别为59.03%、41.39%和26.80%。通过计算还可以得知，东、中、西部地区制造业就业人数占全国制造业总就业人数的比重分别为65.66%、22.14%和12.19%，基本和之前分析的制造业销售产值的分布占比保持一致。从表2-11还可以看出，江苏和广东的制造业就业人数均超过千万人大关，分别为1120.72万人和1423.41万人，占本省总就业人数的比重分别为74.55%和72.37%。结合表2-9可知，这两个地区制造业在经济中起到了非常关键的作用，对当地经济做出了较大贡献。其次，浙江、山东和福建三省制造业从业人员依次为704.72万人，835.92万人和407.26万人，占本省总就业人数的比重均超过60%。而像北京、黑龙江、甘肃、贵州、西藏、海南等第三产业较发达或矿产资源比较丰富的省份，制造业就业人数占总就业人数的比重则不足20%。

表2-11 2013年各地区制造业就业人员占该省总就业人员的比重及其排名

排名	地区	制造业就业人数（万人）	总就业人数（万人）	制造业就业人数占该省总就业人数的比重（%）
1	江苏	1120.72	1503.25	74.55
2	广东	1423.41	1966.98	72.37
3	浙江	704.72	1071.61	65.76
4	山东	835.92	1290.60	64.77
5	福建	407.26	644.03	63.24
6	安徽	266.88	519.67	51.36
7	天津	151.22	302.44	50.00
8	河南	531.03	1075.99	49.35
9	辽宁	333.76	689.07	48.44
10	河北	309.47	653.36	47.37
11	湖南	281.08	600.99	46.77

续表

排　名	地　区	制造业就业人数（万人）	总就业人数（万人）	制造业就业人数占该省总就业人数的比重（%）
12	江　西	207.95	445.01	46.73
13	湖　北	315.99	696.51	45.37
14	上　海	255.18	618.84	41.24
15	四　川	315.64	846.25	37.30
16	重　庆	145.52	402.02	36.20
17	广　西	144.97	402.99	35.97
18	吉　林	118.10	338.44	34.90
19	宁　夏	22.71	72.18	31.46
20	内蒙古	76.82	303.84	25.28
21	陕　西	122.38	505.33	24.22
22	青　海	15.06	64.19	23.46
23	山　西	103.17	464.04	22.23
24	黑龙江	83.04	467.79	17.75
25	甘　肃	44.33	256.65	17.27
26	云　南	71.59	428.13	16.72
27	贵　州	47.61	296.71	16.05
28	北　京	104.02	742.26	14.01
29	新　疆	42.71	309.51	13.80
30	海　南	10.30	98.76	10.43
31	西　藏	0.99	31.02	3.19
—	东　部	5655.98	9581.2	59.03
—	中　部	1907.24	4608.44	41.39
—	西　部	1050.33	3918.82	26.80

资料来源：2014 年《中国工业统计年鉴》。

（3）各地区制造业营业利润率

通过表 2-12 可知，2013 年制造业营业收入及营业利润最多的地区集中在江苏、山东、广东、浙江、河南等制造业大省，这五个省份制造业营业收入和营业利润占全国制造业总营业收入和营业利润的比重分别为 50% 和 51%。整个东部地区制造业营业收入占全国比重为 64.71%，中部地区占比为22.85%，西部地区则为12.44%。从营业利润率来看，制造业大省并不是制造业营业利润率高的省份，相反一些制造业小省的营业利润率反而较高。结合表2－12及图2－7可知，2013年中国各地区制造业的平均营业利润率只有6.03%，大部分省份的营业利润率维持在这一水平。其中，江苏、山东、广东、浙江以及河南五省制造业营业利润率分别为6.26%、6.37%、5.64%、5.39%和7.72%，广东和浙江甚至低于平均利润率；而在西藏、内蒙古、贵州等制造业小省，制造业的营业利润率却分别高达19.01%、8.82%和9.89%。当然，这并非意味着制造业小省的营业利润率就一定高，在山西省以及甘肃、青海、宁夏、新疆等西部地区，制造业的营业利润率非常低，甚至不足1%，如山西仅为0.93%，甘肃仅为0.61%。再从东、中、西部的平均利润率来看，东部为6.01%，略低于平均利润率水平，中部则高于平均利润率，为6.43%，西部地区为5.95%，比全国平均水平低0.08%。

表2－12　2013年各地区制造业营业收入、营业利润及营业利润率

地　区	营业收入（亿元）	营业利润（亿元）	营业利润率（%）
北　京	13313.93	804.84	6.05
天　津	23098.10	1484.34	6.43
河　北	38149.17	1929.88	5.06
山　西	9046.60	84.20	0.93
内蒙古	11902.14	1050.03	8.82
辽　宁	46138.89	2614.80	5.67
吉　林	19909.89	1209.19	6.07
黑龙江	9622.50	379.09	3.94
上　海	33359.90	2172.39	6.51
江　苏	128094.91	8023.78	6.26
浙　江	56654.39	3054.34	5.39
安　徽	29151.40	2007.06	6.88
福　建	30568.28	2035.74	6.66
江　西	24956.07	1671.96	6.70
山　东	120230.61	7655.53	6.37
河　南	51676.41	3990.28	7.72
湖　北	35268.43	2185.25	6.20

续表

地　区	营业收入（亿元）	营业利润（亿元）	营业利润率（%）
湖　南	28475.55	1864.62	6.55
广　东	98534.59	5555.59	5.64
广　西	15194.15	945.05	6.22
海　南	1308.40	81.09	6.20
重　庆	14293.22	828.50	5.80
四　川	30390.44	1905.14	6.27
贵　州	4749.28	469.77	9.89
云　南	7657.49	443.89	5.80
西　藏	58.71	11.16	19.01
陕　西	12523.35	804.47	6.42
甘　肃	7191.30	44.19	0.61
青　海	1354.43	19.34	1.43
宁　夏	2317.61	51.57	2.23
新　疆	5678.29	174.02	3.06
东　部	589451.17	35412.32	6.01
中　部	208106.85	13391.65	6.43
西　部	113310.41	6747.13	5.95
平　均	29382.85	1791.97	6.03

资料来源：2014 年《中国工业统计年鉴》。

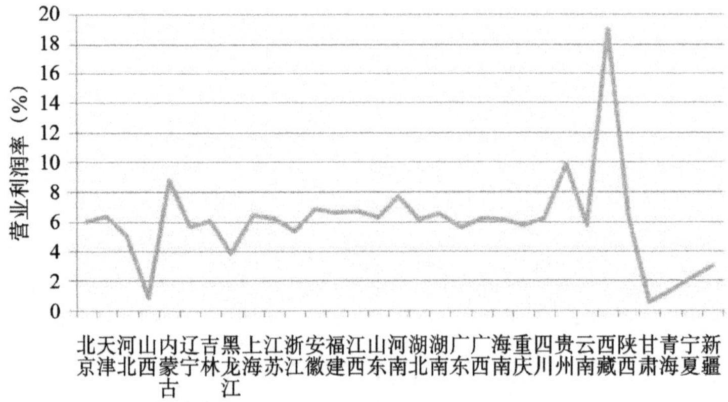

图 2-7　2013 年各地区份制造业营业利润率

资料来源：2014《中国工业统计年鉴》。

第三节　中国制造业技术创新现状分析

一、技术创新整体现状：国际比较的视角

一直以来，中国的技术创新水平不高，经济发展主要是依靠劳动力、自然资源来拉动的。中国的技术创新水平落后的局面与其技术创新投入水平低是分不开的。图 2－8 是中国和主要发达国家 R&D 经费投入占 GDP 比重的对比情况，从中可以看出，2000—2012 年虽然中国 R&D 投入不断加大，其占 GDP 的比重也呈逐年上升趋势，但这一比重仍始终低于发达国家。2012 年中国 R&D 经费占 GDP 比重为 1.98%，而同期美国、日本、德国、韩国及新加坡这一比值分别为 2.79%、3.35%、2.98%、4.36% 和 2.04%，可见中国 R&D 经费投入仍落后于发达国家。

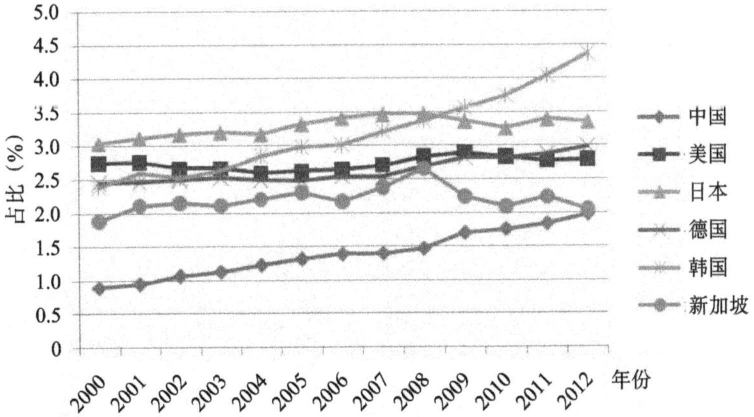

图 2－8　2000—2012 年各国 R&D 经费投入占 GDP 的比重情况

资料来源：2014 年《中国科技统计年鉴》。

中国制造业的发展过程也与经济整体发展过程非常相似，都是依靠劳动力及自然资源的投入来拉动。虽然中国制造业总量水平在 2012 年已经登上了全球第一的宝座，但是与发达国家的技术水平差距较大。

从创新的各项指标来看，中国制造业远远落后于发达国家。如表 2－13 所示，从“2012 年创新指数”来看，中国得分最低，仅为 45；从“2010 年每百万人口中的专利数目”来看，日本为 2257、韩国为 1533、德国为 858、美国为 613、新加坡为 358，而中国仅为 65，日本的专利申请是中国的 40 倍；再从“2012 年每百万人口中的研究人员数目”来看，日本为 7038、新加坡为 6992、韩国为 6286、德国为 5305、美国为 4663，而中国仅为 1071，仅为日本的 1/7。

表 2－13　不同国家各项创新指标的比较

	德国	美国	日本	韩国	新加坡	中国
2012 年创新指数	56	58	52	64	54	45
2010 年每百万人口中的专利数目	858	613	2257	1533	358	65
2012 年每百万人口中的研究人员数目	5305	4663	7038	6286	6992	1071

资料来源：德勤 2013《全球制造业竞争力指数》。

另外，从人才驱动的创新能力得分方面，中国也是缺乏竞争力的。如图 2－9 所示，人才驱动的创新能力[①]得分满分为 10 分，德国、美国、日本的得分分别为 9.47、8.94、8.14，而中国得分仅为 5.89，仅高于印度的 5.82 和巴西的 4.28。

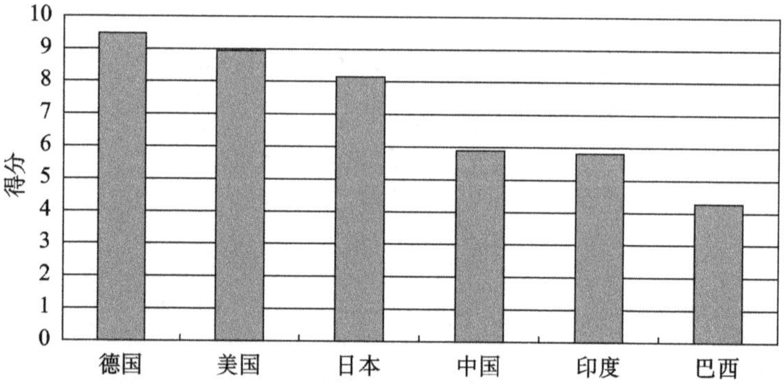

图 2－9　不同国家人才驱动的创新能力得分情况

资料来源：德勤 2013 年《全球制造业竞争力指数》

① 据德勤《2013 全国制造业竞争力指数》，人才驱动的创新能力的评价指标包括科学家、研究人员、工程师以及技术工人的素质和可得性。

制造业出口商品的等级也可以反映一国制造业技术创新的水平。根据表2-14可知，从各国制造业出口中不同等级的商品占比来看，中国在高、中级技术及高、中度科技密集型商品占比落后于发达国家。中国制造业出口商品中，高级和中级商品占比之和为61%，而德国、美国、日本、韩国、新加坡及加拿大等发达国家的占比均高于中国，分别为82%、86%、83%、74%、92%和81%；同为发展中国家的巴西在这一项上占比也超过了中国，为67%。中国制造业出口商品中，低技术及低度科技密集、劳动密集型和以资源为基础的商品占比高达39%，远高于发达国家，仅有印度在这一项上的占比（48%）高于中国。

表2-14 各国制造业出口中不同等级的商品占比 单位:%

国家	高级技术和高度科技密集型商品	中级技术和中度科技密集型商品	低技术及低度科技密集、劳动密集和以资源为基础商品
中国	39	22	39
德国	32	50	18
美国	46	40	14
日本	31	52	17
韩国	41	33	26
新加坡	72	20	8
加拿大	33	48	19
印度	31	21	48
巴西	27	40	33

注：商品的不同等级的分类根据联合国贸易和发展会议（UNCTAD）之国际贸易标准分类（Standard International Trade Classification，SITC）编码划分。

资料来源：德勤2013年《全球制造业竞争力指数》。

在中国劳动力资源和自然资源都比较丰富的时候，技术创新对制造业发展的阻滞作用不是很明显，但是，当中国的劳动力、资源优势开始逐渐消失时，技术创新就显得尤为重要。在新常态下，中国制造业可谓既有内忧又有外患。“外患”是发达国家纷纷提出“再工业化”或“振兴工业化”战略，东南亚国家正在凭借低廉的劳动力成本优势承接新一轮的国际制造业转移，中国制造业面临双面夹击；“内忧”是中国劳动力、资源的成本优势已经开始逐渐消失，制造业转型升级的任务非常迫切。在这种背景下，唯有依靠技术创新才能走出困境，实现转型升级，从全球制造业的低端走向高端。

二、行业维度制造业技术创新现状分析

1. 制造业各行业技术创新的投入现状

本研究主要用各行业 R&D 经费投入和研发人员投入[①]这两个指标来衡量制造业各行业技术创新投入现状。

首先来看 2009—2013 年各行业 R&D 经费投入情况，如表 2－15 所示。

表 2－15　2009—2013 年制造业各行业 R&D 经费投入情况　单位：亿元

行业	2009 年	2010 年	2011 年	2012 年	2013 年	增长率（%）
农副食品加工业	52.75	47.83	92.07	135.72	172.98	37.44
食品制造业	40.28	38.87	62.61	86.86	98.53	26.08
饮料制造业	44.96	46.04	69.34	80.05	82.74	9.40
纺织业	81.17	84.64	136.02	138.03	158.49	8.15
纺织服装、鞋、帽制造业	16.88	16.56	28.95	55.59	69.29	58.32
皮革、毛皮、羽毛（绒）及其制品业	9.87	10.35	15.44	27.44	33.89	50.61
木材加工及木、竹、藤、棕、草制品业	10.35	5.63	14.47	18.72	27.16	37.22
家具制造业	6.93	4.04	9.03	14.53	22.47	57.72
造纸及纸制品业	36.81	36.67	55.89	75.80	87.79	25.73
印刷业和记录媒介的复制	10.97	10.31	19.01	24.58	30.39	26.46
文教体育用品制造业	10.71	7.36	13.70	34.12	49.59	97.20
石油加工、炼焦及核燃料加工业	37.09	43.83	62.54	81.64	89.32	19.97
化学原料及化学制品制造业	266.31	247.53	469.92	553.60	660.37	18.55
医药制造业	134.54	122.63	211.25	283.31	347.66	28.41

① 此处用研发人员全时当量（R&D Personnel of Full－Time Equivalent，RDP）衡量研发人员投入强度。

续表

行　业	2009年	2010年	2011年	2012年	2013年	增长率（%）
化学纤维制造业	35.76	40.97	58.76	63.44	66.79	6.63
橡胶和塑料制品业	85.64	93.29	135.77	172.87	199.46	21.35
非金属矿物制品业	81.54	81.33	139.72	163.57	215.03	24.27
黑色金属冶炼及压延加工业	311.80	402.12	512.65	627.85	633.04	11.65
有色金属冶炼及压延加工业	115.06	118.86	190.19	271.15	301.11	26.81
金属制品业	65.86	61.86	111.29	187.44	230.02	45.57
通用设备制造业	272.05	237.32	406.67	474.60	547.89	16.07
专用设备制造业	250.21	234.89	365.66	424.94	512.32	18.39
交通运输设备制造业	490.22	582.20	785.25	913.36	1052.32	15.76
电气机械及器材制造业	400.33	425.10	624.01	704.16	815.39	14.32
通信设备、计算机及其他电子设备制造业	601.13	686.26	941.05	1064.69	1252.50	15.39
总　计	3482.07	3700.31	5547.25	6697.87	7778.63	18.44（年均）

注：表中的增长率是指2012年和2013年的平均增长率。2010年统计的是大中型企业的数据，其他年份数据均为规模以上企业数据。

资料来源：2010—2014年《中国科技统计年鉴》。

从表12-15可知，2009—2013年中国制造业R&D经费支出总体呈上升态势。总体上看，2009—2013年制造业R&D经费总支出分别为3482.07亿元、3700.31亿元、5547.25亿元、6697.87亿元和7778.63亿元，年均增长率为18.44%。从各行业来看，文教体育用品制造业R&D经费投入的增长率最高，为97.20%，其次纺织服装制造业、家具制造业、皮革制造业R&D经费投入增长率也很高，均在50%以上。R&D经费投入增长最慢的行业依次为化学纤维制造业、纺织业、饮料制造业，这些行业R&D经费2012年和2013年的平均增长率均不足10%。此外，表2-16还分析了2013年制造业各行业R&D投入强度，以便更清晰地了解各行业技术创新投入情况。

表2-16显示，从总体来看，制造业平均R&D经费投入强度为0.87%。在本书所选的25个行业中，只有医药制造业，计算机、通信和其他电子设备制造业，专用设备制造业，交通运输设备制造业，电气机械和

表 2－16　　2013 年制造业各行业 R&D 经费投入强度及其排名

排名	行　业	R&D 经费内部支出（亿元）	主营业务收入（亿元）	R&D 经费投入强度（%）
1	医药制造业	347.66	20484.22	1.70
2	计算机、通信和其他电子设备制造业	1252.50	78817.80	1.59
3	专用设备制造业	512.32	32714.72	1.57
4	交通运输设备制造业	1052.32	76055.14	1.38
5	电气机械和器材制造业	815.39	61553.59	1.32
6	通用设备制造业	547.89	43575.01	1.26
7	化学纤维制造业	66.79	7055.20	0.95
8	化学原料和化学制品制造业	660.37	76645.34	0.86
9	黑色金属冶炼和压延加工业	633.04	76096.64	0.83
10	橡胶和塑料制品业	199.46	27848.79	0.72
11	金属制品业	230.02	33228.95	0.69
12	造纸和纸制品业	87.79	12891.85	0.68
13	有色金属冶炼和压延加工业	301.11	47192.14	0.64
14	饮料制造业	82.74	15327.37	0.54
15	食品制造业	98.53	18546.36	0.53
16	印刷和记录媒介复制业	30.39	6014.77	0.51
17	纺织业	158.49	36076.62	0.44
18	非金属矿物制品业	215.03	51967.15	0.41
19	文教、工美、体育和娱乐用品制造业	49.59	12935.36	0.38
20	纺织服装、服饰业	69.29	19454.61	0.36
21	家具制造业	22.47	6641.74	0.34
22	农副食品加工业	172.98	60117.42	0.29
23	皮革、毛皮、羽毛及其制品和制鞋业	33.89	12643.39	0.27
24	木材加工和木、竹、藤、棕、草制品业	27.16	12004.82	0.23
25	石油加工、炼焦和核燃料加工业	89.32	40980.89	0.22
	总　计	7756.52	886869.89	0.87（均值）

资料来源：2014 年《中国工业统计年鉴》及《中国科技统计年鉴》。

器材制造业以及通用设备制造和这 6 个行业的 R&D 经费投入强度在 1% 以上，其他 19 个行业的 R&D 强度在 1% 以下，特别是在农副食品加工业，皮革、毛皮、羽毛及其制品和制鞋业，木材加工和木、竹、藤、棕、草制品业，石油加工、炼焦和核燃料业加工业等行业，R&D 经费投入强度均不足 0.3%。

从表 2-17 可知，从总量上看，制造业研发人员投入基本呈逐年上升态势。2009—2013 年制造业研发人员投入总量分别为 130.1 万人年、123.5 万人年、175.0 万人年、205.9 万人年和 228.7 万人年，平均增长率为 14.37%。再从分行业的角度来看，研发人员投入量最多的行业为通信设备、交通运输、电气机械等规模较大的行业，而家具制造、木材加工、印刷业等小规模行业也是制造业中研发人员投入量最少的行业。从增长率上看，文教体育用品制造业研发人员投入增长率最快，2012 年和 2013 年的平均增长率高达 73.4%；其次，纺织服装制造业、金属制品业、家具制造业、木材加工业研发人员投入的增长率也较快，都在 30%—40%，说明这些行业比较重视技术创新。相反，石油加工业、纺织业、饮料制造业的研发人员投入增长率不足 4%，可以说增长非常缓慢。其余大部分行业研发人员投入的增长率在 10%—20%。

表 2-17　2009—2013 年制造业各行业研发人员投入情况　单位：人年

行　业	2009 年	2010 年	2011 年	2012 年	2013 年	增长率（%）
农副食品加工业	17876	13362	25154	30426	38162	23.19
食品制造业	14529	11010	19564	23471	27389	18.33
饮料制造业	16522	13803	20013	22728	21113	3.23
纺织业	37106	33367	50863	48353	53289	2.64
纺织服装、鞋、帽制造业	9079	7422	17248	30632	34322	44.83
皮革、毛皮、羽毛（绒）及其制品业	5141	4908	7960	11580	13532	31.17
木材加工及木、竹、藤、棕、草制品业	3605	1454	4634	6765	8208	33.66
家具制造业	3194	2252	4960	7599	9383	38.34
造纸及纸制品业	11147	9283	15258	17970	20557	16.09
印刷业和记录媒介的复制	5170	5216	8156	9364	11363	18.08
文教体育用品制造业	6580	3823	7863	18269	20909	73.40
石油加工、炼焦及核燃料加工业	10201	11560	13638	15550	13993	2.00
化学原料及化学制品制造业	102302	77221	132036	150192	170087	13.50
医药制造业	70065	55234	93467	106685	123200	14.81
化学纤维制造业	10086	11248	14445	14806	16563	7.18

续表

行业	2009年	2010年	2011年	2012年	2013年	增长率（%）
橡胶和塑料制品业	32128	36084	46666	62686	64068	18.27
非金属矿物制品业	39833	30460	53107	59216	73646	17.94
黑色金属冶炼及压延加工业	62453	68282	81788	100753	107190	14.79
有色金属冶炼及压延加工业	34016	30745	44746	55169	57560	13.81
金属制品业	32046	26406	40167	65665	79315	42.13
通用设备制造业	118017	98090	154694	173046	191916	11.38
专用设备制造业	106612	86738	146529	156516	178461	10.42
交通运输设备制造业	159609	176921	220087	260631	301551	17.06
电气机械及器材制造业	142852	137965	205275	225983	255835	11.65
通信设备、计算机及其他电子设备制造业	246701	278583	318018	380497	390977	11.20
总计	1301063	1235466	1749818	2058678	2286834	14.37（均值）

注：表中的增长率是指2012年和2013年的平均增长率。

资料来源：2010—2014年《中国科技统计年鉴》。2010年统计的是大中型企业的数据，其他年份数据均为规模以上企业数据。

2. 制造业各行业技术创新的产出现状

本研究用制造业各行业新产品销售收入和各行业专利申请数量这两个指标来衡量各行业技术创新产出状况。

（1）各行业新产品销售收入现状

新产品产值是衡量一个行业技术创新产出的重要指标，由于现有年鉴资料缺乏制造业各行业新产品产值数据，故用新产品销售收入来代替。如表2-18所示，2013年新产品销售收入总值为121949.7亿元，同比增长18.7%。另通过计算可知，2009—2013年，制造业新产品销售收入占制造业总销售收入的比例分别为13.9%、20.5%、14.4%、14.4%和15.0%。

表2-18　2009—2013年制造业各行业新产品销售收入　单位：亿元

行业名称	2009年	2010年	2011年	2012年	2013年
农副食品加工业	972.7	722.4	1257.5	1680.4	1758.0
食品制造业	576.0	571.7	620.8	752.8	961.4

续表

行业名称	2009 年	2010 年	2011 年	2012 年	2013 年
饮料制造业	540. 8	566. 1	728. 9	975. 3	1033. 3
纺织业	1789. 0	2167. 3	2698. 8	2893. 5	3483. 6
纺织服装、鞋、帽制造业	507. 3	475. 5	766. 3	1175. 2	1354. 7
皮革、毛皮、羽毛（绒）及其制品业	320. 4	293. 4	477. 8	563. 4	663. 4
木材加工及木、竹、藤、棕、草制品业	233. 5	165. 7	233. 1	299. 3	308. 2
家具制造业	148. 9	124. 0	245. 5	275. 5	368. 6
造纸及纸制品业	632. 1	678. 1	955. 7	1072. 1	1346. 9
印刷业和记录媒介的复制	170. 6	155. 4	272. 6	358. 5	425. 5
文教体育用品制造业	150. 5	112. 2	195. 7	544. 5	804. 8
石油加工、炼焦及核燃料加工业	650. 1	664. 1	855. 0	1267. 5	1999. 4
化学原料及化学制品制造业	3678. 9	3133. 8	5426. 7	6919. 9	8303. 1
医药制造业	1592. 5	1622. 9	2189. 4	2763. 3	3382. 6
化学纤维制造业	774. 9	597. 4	1004. 3	1278. 7	1402. 6
橡胶和塑料制品业	1346. 1	1275. 1	1825. 1	2129. 2	2711. 0
非金属矿物制品业	1151. 1	1006. 4	1329. 9	1656. 2	2262. 0
黑色金属冶炼及压延加工业	4895. 9	5304. 6	5795. 7	7198. 9	8062. 8
有色金属冶炼及压延加工业	1646. 6	1871. 8	2574. 6	3236. 3	4448. 2
金属制品业	1009. 6	904. 4	1468. 9	2258. 3	2640. 2
通用设备制造业	3999. 8	3995. 1	5769. 8	6117. 9	7164. 2
专用设备制造业	3066. 6	3191. 5	4360. 8	5027. 5	5711. 3
交通运输设备制造业	15006. 4	17060. 2	19950. 7	18964. 8	19946. 1
电气机械及器材制造业	6922. 9	8366. 7	10337. 1	11370. 1	13576. 7
通信设备、计算机及其他电子设备制造业	10945. 7	13594. 6	18862. 7	20603. 2	26278. 7
总　计	63489. 6	69418. 4	91685. 3	102737. 6	121949. 7

资料来源：2010—2014 年《中国科技统计年鉴》。2010 年统计的是大中型企业的数据，其他年份数据均为规模以上企业数据。

另外，从制造业各行业新产品销售收入占总销售收入的比例来看，2012 年和 2013 年，各行业新产品销售收入占总销售收入比重的排序变化较小（见表 2－19）。从各行业新产品销售收入占总销售收入的比重情况来看，交通运输设备制造业的比重最大，2012 年和 2013 年的比值分别为 28. 70% 和 33. 88%；其次是通信设备、计算机及其他电子设备制造业，2012 年和 2013

年的比值分别是28.02%和30.85%；此外，化学纤维制造业和电气机械及器材制造业的比重也均在20%以上，说明这些行业的技术创新能力较强。从占比排序靠后的行业来看，2012年和2013年木材加工及木、竹、藤、棕、草制品业均排在最后，说明该行业的技术创新能力最低。另外，技术创新能力较低的还有农副食品加工业、非金属矿物制品业、石油加工、炼焦及核燃料加工业、家具制造业、食品制造业等行业。

表2-19 各行业新产品销售收入占制造业总销售收入的比重及排名

行业名称	2012年占比（%）	排名	2013年占比（%）	排名
交通运输设备制造业	28.70	1	33.88	1
通信设备、计算机及其他电子设备制造业	28.02	2	30.85	2
化学纤维制造业	21.76	3	22.56	4
电气机械及器材制造业	21.76	4	21.64	3
专用设备制造业	18.22	5	18.24	5
医药制造业	17.29	6	17.92	6
通用设备制造业	16.60	7	16.78	7
化学原料及化学制品制造业	11.85	8	12.17	9
黑色金属冶炼及压延加工业	11.14	9	12.06	11
有色金属冶炼及压延加工业	10.63	10	11.43	8
纺织业	10.61	11	11.04	10
橡胶和塑料制品业	9.63	12	10.65	13
造纸及纸制品业	8.96	13	10.61	12
金属制品业	8.18	14	8.20	14
印刷业和记录媒介的复制	8.14	15	7.62	17
饮料制造业	8.08	16	7.48	16
纺织服装、鞋、帽制造业	7.36	17	7.19	15
文教体育用品制造业	5.85	18	6.87	18
皮革、毛皮、羽毛（绒）及其制品业	5.50	19	6.59	19
食品制造业	5.42	20	6.08	20
家具制造业	5.15	21	5.91	21
石油加工、炼焦及核燃料加工业	4.46	22	5.90	22
非金属矿物制品业	4.04	23	4.61	23
农副食品加工业	3.88	24	3.56	24
木材加工及木、竹、藤、棕、草制品业	3.14	25	2.78	25

资料来源：根据2013、2014年《中国科技统计年鉴》整理得出。

(2) 制造业各行业专利申请数量

专利申请数量同样是衡量技术创新产出的一个重要指标，本书整理了制造业各行业2009—2013年的专利申请数量，如表2－20所示。

表2－20　　2009—2013年制造业各行业专利申请数量　　单位：件

行业名称	2009年	2010年	2011年	2012年	2013年
农副食品加工业	3068	1908	4350	5927	7344
食品制造业	3220	1875	3870	4716	5421
饮料制造业	2397	1961	2174	3699	3863
纺织业	8826	6388	12711	12082	11457
纺织服装、鞋、帽制造业	2351	1907	3565	6951	6347
皮革、毛皮、羽毛（绒）及其制品业	1533	1003	2008	3247	3538
木材加工及木、竹、藤、棕、草制品业	1758	594	1914	2442	2603
家具制造业	2557	1581	3298	3897	4826
造纸及纸制品业	1255	1247	2243	3445	3278
印刷业和记录媒介的复制	1486	521	1281	1970	2867
文教体育用品制造业	4175	1995	4463	9050	10885
石油加工、炼焦及核燃料加工业	595	558	1055	1441	1600
化学原料及化学制品制造业	12081	5743	18436	23143	27165
医药制造业	8601	5767	11115	14976	17124
化学纤维制造业	904	1609	2231	2142	3177
橡胶和塑料制品业	8058	4311	10549	12651	15427
非金属矿物制品业	8789	5192	9136	11711	15369
黑色金属冶炼及压延加工业	5295	5813	8381	12112	13874
有色金属冶炼及压延加工业	4457	3335	6519	8026	9022
金属制品业	8849	5355	12699	16722	18318
通用设备制造业	23070	13922	33060	42136	49305
专用设备制造业	21629	13467	32022	43050	53037
交通运输设备制造业	23969	23700	38829	47433	57377
电气机械及器材制造业	36576	28978	57713	74811	78154
通信设备、计算机及其他电子设备制造业	49225	46209	71890	82406	88960
总　计	245390	185705	356657	451767	512972

资料来源：2010—2014年《中国科技统计年鉴》。2010年统计的是大中型企业的数据，其他年份数据均为规模以上企业数据。

表2-20显示，2009年制造业专利申请总数为245390件，2013年这一数值升至512972件，即在2009年的基础上翻了一番。在26个行业中，通信设备、计算机及其他电子设备制造业的专利申请数量最多，2009—2013年，其占整个制造业专利申请数量分别为20.06%、24.88%、20.16%、18.24%和17.34%。其次是电气机械及器材制造业，2009—2013年其专利申请数占整个制造业的比重分别为14.91%、15.60%、16.18%、16.56%和15.24%。此外，通用设备制造业、专用设备制造业以及交通运输设备制造业的专利申请数占比也都在10%左右，说明这些行业的技术创新也较强。相反，也有很多行业的专利申请数量较少，占整个制造业专利申请总数的比例不足1%，如饮料制造业，纺织服装、鞋、帽制造业，家具制造业，石油加工、炼焦及核燃料加工业等，说明这些行业的技术创新能力较低。其中，石油加工、炼焦及核燃料加工业的专利申请数最少，2009—2013年分别为595件、558件、1055件、1441件和1600件，占整个行业的比例分别为0.24%、0.30%、0.30%、0.32%和0.31%。

从上面的分析可以得知，基于新产品销售收入和专利申请数量得出的各行业技术创新能力的判断基本一致。技术创新能力强的行业其新产品销售收入占总销售收入的比重大，专利申请数量也多；相反，技术创新能力弱的行业其新产品销售收入占总销售收入的比重小，专利申请数量也少。

3. 行业维度技术创新现状的总结

本节内容主要基于行业维度对中国制造业各行业的技术创新现状作了一个总体性的描述，主要从制造业各行业总销售产值、新产品销售收入以及专利申请数三个指标展开了研究，数据主要来源于历年的《中国工业统计年鉴》和中国《中国科技统计年鉴》。由于统计年鉴对2009、2011—2013年均统计了制造业规模以上企业的数据，而2010年只统计了大中型企业的数据，因此，本节内容中2010年均统计的是制造业大中型企业的数据，而其他年份均统计的是制造业规模以上企业的数据。通过以上分析，本书对行业维度的中国制造业技术创新现状作了一个大概的介绍，并得到了如下主要结论。

第一，从制造业各行业技术创新投入的情况来看，本书用研发经费投入指标和研发人员投入指标得出的结论大体相同。不论是从研发经费投入情况来看，还是从研发人员投入情况来看，制造业技术创新总体都呈逐年上升态势，且增长速度都较快，其中 R&D 经费投入的年均增长率为 18.44%，研发人员投入的年均增长率为 14.37%。在 25 个行业中，通信设备制造业、电气机械和器材制造业、交通运输设备制造业、专用设备制造业、通用设备制造业、医药制造业等行业研发投入总量和投入强度都较大，而农副食品加工业、皮革制造业、木材加工业、石油加工业等行业 R&D 投入强度较小。

第二，从制造业各行业技术创新产出情况来看，基于新产品销售收入和专利申请数量得出的结论基本上差不多。从新产品销售收入占制造业总销售收入的比重来看，交通运输设备制造业、通信设备、计算机及其他电子设备制造业的比重最大，均约为 30%，即这两个行业中约有 1/3 的销售收入来自新产品。专利申请数量最多的通信设备制造业，其占制造业专利申请总数的比重达到了 20%，其次电气机械及器材制造业专利申请数占制造业专利申请总数的比重也在 15% 左右，说明这些行业技术创新能力较强。而在一些劳动密集型行业如饮料制造业、纺织服装、鞋、帽制造业、家具制造业、木材加工业等，不仅其新产品销售收入占各自制造业总销售收入的比重较小，而且其专利申请数量也较少，说明这些行业技术创新能力较弱。

三、区域维度制造业技术创新现状分析

1. 区域维度制造业技术创新投入现状分析

从第三章第一节的分析中得出了中国制造业区域分布的大概情况，即东部地区是中国制造业最为集中的地区，其次是中部地区，最后是西部地区。这三大地区制造业销售产值占全国制造业总销售产值的比重分别高达 64.91%、22.71% 和 12.38%。鉴于中国制造业主要集中在东部地区和中部地区，再加之西部地区大部分省份制造业技术创新投入和产出方面的数据的缺失，因此，本书根据数据的可得性，仅选取了全国 31 个地区中的 19 个

地区作为制造业技术创新现状及影响因素的分析对象①。

从各地区制造业 R&D 经费投入的绝对值来看（表 2－21），广东、江苏、山东、浙江、上海等省份近几年来 R&D 经费投入相对较多，而吉林、黑龙江、江西、陕西等省份 R&D 经费投入则相对较少。从 R&D 经费投入的增长率来看，大部分省份 2010—2013 年均超过了 20%，且整体均值也超过了 20%，为 22.18%②，说明所选地区均比较重视制造业研发经费的投入。

表 2－21　样本地区 2009—2013 年制造业 R&D 经费投入情况

地区	2009（亿元）	2010（亿元）	2011（亿元）	2012（亿元）	2013（亿元）	年均增长率（%）
北京	108.22	126.95	157.93	188.10	203.51	17.25
天津	107.72	120.09	199.86	243.33	287.69	29.47
河北	82.43	101.35	140.43	177.70	235.48	30.14
辽宁	152.50	191.34	274.71	289.46	333.13	22.37
吉林	30.08	36.31	42.11	56.07	64.35	21.15
黑龙江	58.64	72.85	83.80	90.62	95.03	13.07
上海	259.94	274.05	343.76	371.51	404.74	11.97
江苏	561.18	686.36	814.37	1030.42	1152.00	19.82
浙江	330.10	407.43	479.91	588.61	684.36	20.03
安徽	90.77	104.02	98.48	94.35	118.90	7.77
福建	114.43	116.12	194.40	238.17	279.20	27.16
江西	55.65	58.94	66.71	91.60	110.64	19.30
山东	420.04	537.84	672.67	823.21	967.88	23.27
河南	106.52	142.11	181.77	217.55	263.00	25.47
湖北	104.12	156.19	205.98	261.97	310.65	31.91
湖南	107.84	139.68	179.08	229.09	267.41	25.60
广东	552.37	703.68	899.44	1077.86	1237.48	22.46
重庆	52.19	71.27	92.95	115.25	136.85	27.43
陕西	53.46	69.83	89.55	111.89	133.82	25.85

资料来源：2010—2014 年《中国统计年鉴》及各地区统计年鉴。

---

① 由于整个西部地区（除了重庆和陕西），以及山西、海南等地区制造业技术创新投入和产出方面的数据无法获取，且这些地区制造业产值相对较小，故本书剔除了这些地区。本书研究的 19 个地区包括北京、天津、河北、辽宁、上海、江苏、浙江、福建、山东、广东、吉林、黑龙江、安徽、江西、河南、湖北、湖南、重庆、陕西；且这 19 个地区制造业销售产值占全国总产值的比重为 89.5%，约为 90%。

② 这一值为各省份 R&D 经费投入年均增长率的平均值。

再结合各地区制造业R&D经费投入强度排序可以看出，排序靠前的北京、广东、天津、上海、浙江、陕西六省R&D经费占主营业务收入的比重均超过了1%；而排序靠后的河南、江西、安徽、吉林四省，这一比重则不足0.6%（见表2-22）。

表2-22　2013年样本地区制造业R&D经费投入强度排名

排名	地　区	R&D经费投入（亿元）	主营业务收入（亿元）	R&D经费占主营业务收入比重（%）
1	北　京	203.51	13270.94	1.53
2	广　东	1237.48	98388.86	1.26
3	天　津	287.69	23058.70	1.25
4	上　海	404.74	33224.69	1.22
5	浙　江	684.36	56460.41	1.21
6	陕　西	133.82	12504.95	1.07
7	黑龙江	95.03	9613.35	0.99
8	重　庆	136.85	14273.56	0.96
9	湖　南	267.41	28443.05	0.94
10	福　建	279.20	30525.26	0.91
11	江　苏	1152.00	127891.17	0.90
12	湖　北	310.65	35230.27	0.88
13	山　东	967.88	120116.17	0.81
14	辽　宁	333.13	46088.93	0.72
15	河　北	235.48	38115.19	0.62
16	河　南	263.00	51629.66	0.51
17	江　西	110.64	24936.68	0.44
18	安　徽	118.90	29117.00	0.41
19	吉　林	64.35	19893.81	0.32

注：由于统计口径的变化，根据第二次全国科学研究与实验发展资源清查主要数据公报（第二号）所定义，制造业R&D投入强度由原来的R&D经费与GDP之比变为R&D经费与主营业务收入之比。

资料来源：2014年《中国工业统计年鉴》及各地区统计年鉴。

从各地区2009—2013年制造业研发人员投入情况来看，总体上投入呈上升趋势（见表2－23）。从各地区2010—2013年投入的年均增长率来看，陕西、福建、天津、安徽、河南的年均增长率均超过了20%；且整体均值为16.49%[①]。说明这几年各地区均比较重视研发人员的投入。再结合图2－10可以看出，2013年广东、江苏、浙江、山东、河南等省份的研发人员全时当量均超过200000人年，这些制造业大省研发人员投入相对来说也较多；而吉林、江西、重庆、黑龙江、陕西、北京等制造业发展相对较落后的地区研发人员投入较少。

表2－23　2009—2013年样本地区制造业研发人员全时当量情况　单位：人年

地区	2009年	2010年	2011年	2012年	2013年	年均增长率（%）
北京	39881	39775	47030	49616	54161	8.16
天津	27434	32429	44858	57431	65225	24.53
河北	32243	36463	46433	47099	61046	17.87
辽宁	47818	44424	47513	52064	59090	5.73
吉林	13352	20428	14697	21653	21604	18.01
黑龙江	30087	32467	39661	36256	37296	6.09
上海	68800	69077	79147	82355	92136	7.73
江苏	222360	231161	287447	342262	393942	15.62
浙江	150613	176905	203904	228618	263507	15.02
安徽	37375	39206	50836	65654	77203	20.33
福建	46394	44062	75503	90280	100200	24.22
江西	17307	18561	20636	23877	29519	14.44
山东	116861	131931	163721	188070	210236	15.91
河南	52386	64618	80315	90477	108824	20.14
湖北	38087	43088	54608	67532	77371	19.53
湖南	36955	46468	56163	68416	72312	18.53
广东	228780	258943	346260	424563	426330	17.48
重庆	20692	23770	26799	30972	35687	14.60
陕西	13558	17995	23789	30449	37901	29.35

资料来源：2010—2014年《中国统计年鉴》及各地区统计年鉴。

① 这一值为各省份研发投入年均增长率的平均值。

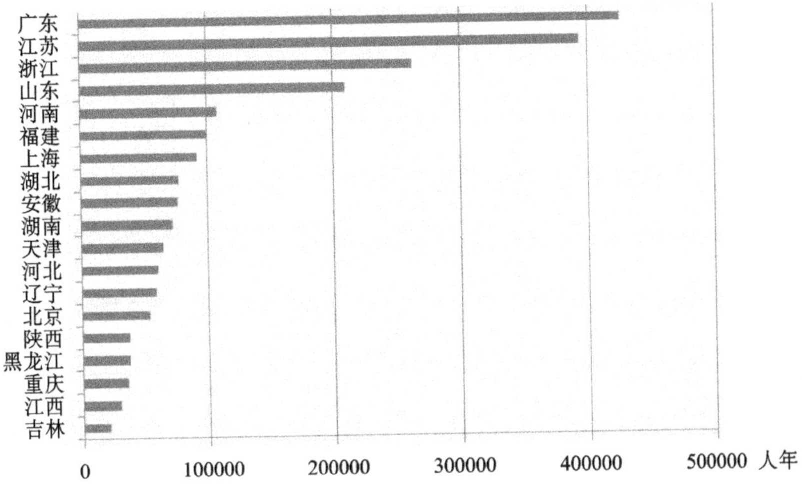

图 2－10 2013 年样本地区制造业研发人员全时当量排序

资料来源：2014 年《中国工业统计年鉴》及各地区统计年鉴。

2. 各地区制造业技术创新产出状况

各地区制造业技术创新产出可以用各地区制造业新产品销售收入和各地区制造业专利申请情况来衡量。

（1）各地区制造业新产品销售收入情况

结合表 2－24 和图 2－11 可知，总体上看，2009—2013 年样本地区制造业新产品销售收入呈上升趋势。图 2－11 显示，江苏、广东、浙江、山东、上海五省制造业新产品销售收入明显高于其他省份。2011—2013 年江苏省稳居制造业新产品销售收入第一的位置，其次是广东省。2009—2012 年山东省制造业新产品销售收入均居于浙江省之上，而在 2013 年，浙江制造业新产品销售收入超过了山东，成为仅次于江苏和广东的制造业新产品销售收入排名第三的省份。此外，上述五省制造业新产品销售收入占本书所选 19 个地区制造业新产品销售收入的比重高达 60.95%，这说明中国制造业技术创新主要集中在这几个省份。

再从相对值来看，从表 2－25 可知，浙江、北京、天津、上海四省份制造业新产品销售收入占主营业务收入的比重均在 20% 以上，湖南、广东、重庆也接近 20%，而河北、黑龙江、江西、陕西则不足 8%。

表 2－24　样本地区 2009—2013 年制造业新产品销售收入　单位：亿元

地区	2009 年	2010 年	2011 年	2012 年	2013 年
北京	2491.8167	2997.6497	3005.8281	2851.1621	3300.2187
天津	2907.1117	3170.4983	3831.1400	4460.1000	5569.6900
河北	1163.4045	1385.7108	1899.2289	2457.6632	2916.0256
辽宁	2372.3459	2161.0398	2959.9589	3193.6021	4093.1774
吉林	2879.7968	1789.7117	2386.7915	2143.4296	2738.2109
黑龙江	491.1381	551.9335	558.6813	565.5068	582.5023
上海	5442.7300	6543.0700	7772.2000	7399.9100	7688.3800
江苏	10015.6458	9378.2085	14842.1107	17845.4188	19714.2112
浙江	6348.6000	8352.5000	10049.4000	11284.0000	14882.1000
安徽	1533.3831	1997.1178	2779.2518	3731.8538	4379.0809
福建	1767.4924	1985.3442	3113.8914	3291.1524	3440.0997
江西	509.4716	797.9111	941.8710	1287.1344	1682.9309
山东	7191.9279	8905.6730	11184.4081	12434.9096	13786.6038
河南	1282.3545	1671.8892	2498.2842	2544.6694	4748.9783
湖北	1659.0385	2538.1185	3010.8188	3695.6866	4653.1223
湖南	1920.4931	2859.4721	3759.2835	4698.2468	5672.1017
广东	8295.5488	11872.2900	14382.2735	15402.8477	18013.7410
重庆	1688.9747	2478.0319	3026.9391	2425.5924	2687.6086
陕西	693.2868	824.6332	959.3547	868.7917	999.5014

资料来源：2010—2014 年《中国统计年鉴》及各地区统计年鉴。

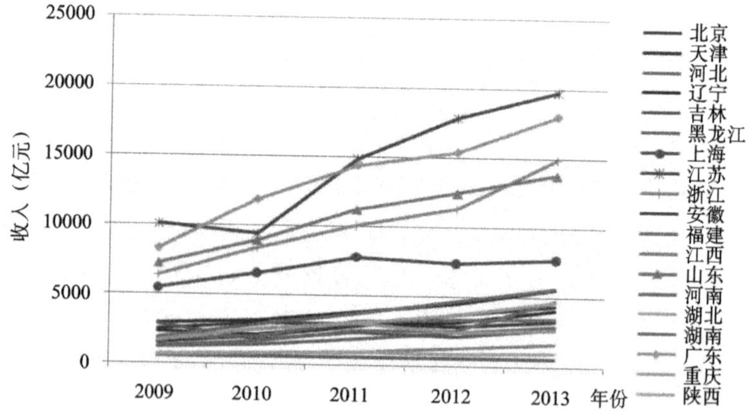

图 2－11　2009—2013 年样本地区制造业新产品销售收入变化趋势

注：由于江苏、广东、山东、浙江、上海五省份新产品销售收入较高，与其他省份形成了较明显的区别，故图中只对上述五省份的趋势线做了标记。

资料来源：相关年份《中国工业统计年鉴》及各地区统计年鉴。

表 2-25　2013 年样本地区新产品销售收入占主营业务收入的比重

地　区	新产品销售收入（亿元）	主营业务收入（亿元）	新产品销售收入占主营业务收入的比重（%）
北　京	3300.22	13270.94	24.87
天　津	5569.69	23058.70	24.15
河　北	2916.03	38115.19	7.65
辽　宁	4093.18	46088.93	8.88
吉　林	2738.21	19893.81	13.76
黑龙江	582.50	9613.35	6.06
上　海	7688.38	33224.69	23.14
江　苏	19714.21	127891.17	15.41
浙　江	14882.10	56460.41	26.36
安　徽	4379.08	29117.00	15.04
福　建	3440.10	30525.26	11.27
江　西	1682.93	24936.68	6.75
山　东	13786.60	120116.17	11.48
河　南	4748.98	51629.66	9.20
湖　北	4653.12	35230.27	13.21
湖　南	5672.10	28443.05	19.94
广　东	18013.74	98388.86	18.31
重　庆	2687.61	14273.56	18.83
陕　西	999.50	12504.95	7.99

资料来源：2014 年《中国工业统计年鉴》及各地区统计年鉴。

（2）各地区制造业专利申请情况

专利数是衡量各地区技术创新的重要指标。从表 2-26 可以看出，各地区专利申请数、发明专利数及有效发明专利数三项的排序基本上差不多，一些省份有 1 或 2 个位次的差异。从制造业专利申请总数来看，排序靠前的四个省份依次为广东、江苏、浙江、山东，专利申请总数依次为 96646 件、93518 件，77067 件和 40030 件，且这四个地区专利申请数之和占全国专利申请总数的比重为 54.78%①。排序最靠后的四个省份为吉林、黑龙江、江西和陕西，专利申请总数分别为 2520 件、4282 件、4893 件和 7258 件，广东的专利申请数约为吉林的 40 倍。再从制造业有效发明专利数来看，广东

① 2013 年全国制造业专利申请总数为 560918 件；广东、江苏、浙江、山东四省专利申请总数为 307261 件，后者与前者之比为 54.78%。

仍然位居第一，为97052件，其次依次是江苏、浙江、上海、山东四省，这五个省份有效发明专利数之和占全国有效发明专利总数的比重约为59.51%[①]。排序靠后的为江西、黑龙江、吉林、河北等省份。有效发明专利数最多的广东和最少的江西之间的差距超过了40倍，这再次说明省际制造业技术创新的差距较大。

表2－26 2013年各地区专利申请及排名情况

地区	专利申请数（件）	排名	发明专利数（件）	排名	有效发明专利数（件）	排名
北京	19210	7	9240	7	16402	6
天津	16302	11	6446	9	10191	9
河北	9171	15	3054	15	4049	16
辽宁	11628	14	5226	12	6923	12
吉林	2520	19	971	19	2985	17
黑龙江	4282	18	1683	17	2342	18
上海	25738	6	11377	5	20140	4
江苏	93518	2	33090	2	52718	2
浙江	77067	3	15036	4	22578	3
安徽	32909	5	10866	6	13582	7
福建	18896	8	5475	11	7119	11
江西	4893	17	1669	18	2333	19
山东	40030	4	15254	3	18340	5
河南	14400	12	4182	13	6470	13
湖北	16321	10	6119	10	8745	10
湖南	17424	9	6880	8	10512	8
广东	96646	1	47213	1	97052	1
重庆	12221	13	2509	16	4792	15
陕西	7258	16	3161	14	5449	14

注：由于没有制造业具体数据，且考虑到样本地区制造业在工业重占据相当大的比例，因此用各地区规模以上工业企业专利申请情况来表征制造业专利申请情况。

资料来源：2014年《中国科技统计年鉴》。

3. 区域维度制造业技术创新现状的总结

本节基于区域维度对中国制造业发展现状及技术创新现状进行了一个

① 2013年全国制造业有效发明专利数为335401件，广东、江苏、浙江、上海、山东五省有效专利申请数之和为199607，后者与前者之比为59.51%。

总体性的描述，主要运用制造业总产值、制造业就业人数来衡量各地区制造业发展现状，而用各地区制造业技术创新投入（包括研发经费投入和研发人员投入）以及制造业技术创新产出（包括制造业新产品销售收入、制造业专利申请数和有效发明专利数）来衡量各地区制造业的技术创新状况。通过分析，本节主要得到以下结论。

第一，从各地区制造业技术创新投入情况来看，制造业比较发达的省份如广东、江苏、山东、浙江、上海、河南等比较重视研发经费和研发人员的投入，在投入总量、投入强度以及投入增长率上都高于其他地区；而制造业欠发达省份，如吉林、黑龙江、江西、陕西等地研发经费和研发人员的投入相对较少。从技术创新投入的增长率来看，不管是研发经费投入还是研发人员投入的增长率都比较高，2010—2013 年年均增长率分别达到 22.18% 和 16.49%。

第二，从各地区制造业技术创新产出情况来看，无论是用新产品销售收入来衡量，还是用专利申请数量或有效发明专利数来衡量，技术创新产出最多的省份仍然集中在江苏、广东、浙江、山东、上海，而吉林、黑龙江、陕西、河北等省份仍是技术创新产出最少的省份。从新产品销售收入来看，总体而言样本地区这一指标呈上升趋势。江苏、广东、浙江、山东、上海五个省份制造业新产品销售收入明显高于其他省份，五个省份制造业新产品销售收入之和占本书所选 19 个地区制造业新产品销售收入的比重高达 60.95%；再从各地区制造业专利数量来看，数量最多的四个省份依次为广东、江苏、浙江、山东，数量最少的四个省份为吉林、黑龙江、江西和陕西，且广东省的专利申请数量是吉林省的 40 倍，说明省际制造业技术创新能力的差距较大。

第四节　制造业技术创新的国际经验及启示

一、美国制造业的发展及技术创新现状

美国作为世界科技创新的龙头国家，在制造业的创新发展中时刻引领

着制造业科技的发展方向，推动着全球制造业的不断革新。美国凭借先进的制造技术与完整的制造业制度体系在很长时间内称霸世界制造业，在世界制造业领域拥有绝对话语权。

1. 美国制造业的发展历程

美国制造业的发展在美国独立战争之前就初露端倪。当时美国虽然受英国的殖民统治，在经济发展方向上缺乏独立自主的控制，但这并不妨碍美国制造业在本土的蓬勃发展。当时，以盛产棉花著称的美国在棉麻纺织等轻工业领域实现突破发展，除了能够满足本土需要外，还将产能过剩的制造产品输入国外。

随着第一次工业革命的深入发展，美国制造业逐步从轻工业向钢铁行业和交通运输业迈进，美国制造业进入起飞阶段。在第二次工业革命期间，美国制造业获得了巨大发展，其强大的实力令美国首次成为世界制造业的霸主。丰富的自然资源、大量欧洲移民的资本供应、廉价的非洲移民劳动力供给、广阔的美国本土市场、高速增长的人口为美国制造业的辉煌创造了条件。与过去的制造业相比，在第二次工业革命过后，美国的制造业进行了全方位的升级。一方面，传统制造业的生产动力由蒸汽机械转变成为电和内燃机；另一方面，大量有利于制造业的创新科技带动了美国整个制造业的革命。这种创新科技极大地提高了美国制造业的生产效率，推动了美国制造业的高速发展。在 1851 年伦敦水晶宫展览会上，美国制造业产品引起了巨大轰动。亚美利加游艇（海洋工业）、麦考密克收割机（农业）、辛格缝纫机（纺织业），特别是柯尔特左轮手枪（军工业），充分体现了美国制造业的技术成就。据统计，1859—1899 年美国企业数目增加了 2 倍，投资总额增长近 9 倍，工业总产值增长了 6 倍。钢铁制造业发展尤为迅速，1860—1880 年，生铁产量由 835000 吨增长到 3896000 吨，钢产量由 12000 吨猛增到 1267000 吨。铁路长度 1860 年仅 30600 英里，1884 年仅铁路营业里程已达 125000 英里。1860—1900 年，美国制造业在全球制造业总产值中所占比重日益攀升，到 1890 年为止，美国制造业总产值占比已经上升到 15.8%，成为当时世界排名第一的制造大国，形成了史上公认的“美国制造体系”。此后的数十年里，美国制造业一直在世界舞台中发挥着重要作用。即使是在1929—1933年经济大萧条时期，美国的制造业产值仍维持在全球总量1/3的水平。

二战结束后，美国制造业的竞争对手都受到重创，急需战后经济恢复。以此为契机的美国制造产业再次以惊人的速度占据人类世界的半壁江山，20世纪50年代初，美国制造业增加值占世界总和的40%左右，贴有“美国制造”的产品遍布全球，使得美国制造在全球范围内的地位不可撼动，美国的制造业再次迎来发展的巅峰时期。美国制造所取得的辉煌成就，与美国制造业的科技创新是紧密相连的。

20世纪50年代后期，在两极世界对峙的背景之下，出于军备竞争的需要，制造业结构发生了调整，高新技术产业和军用技术受到重视发展，美国的部分大学甚至关闭了制造技术和制造科学方面的课程，一般制造业受到前所未有的冷遇。20世纪70年代，美国社会掀起了“后工业社会”热潮，试图将美国的经济重心从制造业向服务业等第三产业转移，而美国政府当局对此也深信不疑，美国政府只对基础研究、卫生健康和国防建设提供大量的技术支持，而放弃对制造技术和制造业的经费支持。1975年美国制造业的份额已经跌落到世界总量的22.3%。作为制造业“标杆”的汽车工业遭受到前所未有的打击，美国的汽车制造业发展陷入停滞状态。进入21世纪以后，美国“世界制造业霸主”的地位逐渐被中国所取代。中国作为世界上最大的发展中国家，在制造业发展方面与美国采取的措施不同，所具备的优势也不同。中国在进入21世纪后凭借低廉的劳动力成本与广泛的劳动力供给逐渐取代以技术创新优势发展制造业的美国，成为世界制造业的领军者。中国制造业的高速发展与中国的人口“红利”息息相关，而美国制造业则主要依靠科技创新与技术进步。

2. 美国制造业技术创新现状

2008年的金融危机使美国经济遭受重创，美国政府重新认识到实体经济的重要性。为了尽快从危机的阴霾中走出来，并降低美国居高不下的失业率，美国政府开始注重本土制造业的复兴与发展，提出“振兴制造业”战略，希望通过新形势下制造业的改革重塑美国制造业昔日的辉煌。2012年3月，美国总统奥巴马提议建立“美国国家制造业创新网络（the National

Network for Manufacturing Innovation，NNMI）”，通过组建各领域的制造业创新研究所（Institutes for Manufacturing Innovation，IMIs），从而建立起全国性的制造业领域的政产学研协同创新网络。NNMI 强调总体网络的构建与设计，以及重点领域的培育和开发，美国最初计划投资 10 亿美元建设 15 个区域性 IMIs，随后基于 NNMI 所取得的成效和即将发挥的作用，奥巴马总统又提出在未来十年将建设 45 个 IMIs 的宏伟目标。截至目前，美国围绕增材制造、数字化制造与设计创新、轻质金属制造、复合材料、下一代电子电力制造等重点领域已经建立 5 个研究所，另外还有半导体、光子集成、清洁能源、创新纤维纺织等 4 个重点领域的研究所正在筹建。2014 年美国总统奥巴马在“总统出口委员会”会议上宣布，将投入近 4 亿美元支持“学徒计划”以及新建两个制造业创新中心。白宫当天在一份声明中称，奥巴马政府将投入 2.9 亿美元新建两个高科技制造中心，推动可弯曲电脑芯片和先进传感器的研发和制造。奥巴马政府计划建立 16 个制造业创新中心，目前已经成立了 8 个。此外，美国政府还将投入 1 亿美元扩大“学徒计划”，培养高素质工人。87% 的工人在完成学徒计划后找到了工作，学徒毕业生的平均起始年薪超过 5 万美元。

2015 年由德勤与美国竞争力委员会发布的“2020 年全球制造业最具竞争力的国家 TOP10”榜单中，美国居首位，中国排名第二，德国位列第三，日本和印度位居第四和第五。报告预测，美国成为全球制造业最具竞争力国家的主要原因在于该国在研发、科技以及创新方面进行了大量的投资①。

二、日本制造业的发展及技术创新现状

日本是一个自然资源相对匮乏的国家，尤其是经历了两次世界大战之后，日本的经济受到很大创伤。然而，二战后日本经济快速恢复重建，很快发展成为世界第二大强国，实现了经济持续高速的增长。日本经济成功的重要原因就是根据国情制定了“先侧重应用研究，再发展基础研究”的科技发展战略，并选择了“先模仿，后自主技术创新”的技术研发创新模

① 2020 年全球制造业国家 TOP10：http://news.sina.com.cn/c/2015-12-23/doc-ifxmxxst0328628.shtml.

式，大量富有成效的科学技术创新成果成为推动日本经济快速增长、实现产业结构优化升级和经济迅速崛起的重要动力。

1. 日本制造业技术创新发展历程：从技术引进到自主创新

二战后，日本制造业技术创新发展大致经历了三个阶段：技术引进阶段、模仿技术创新阶段、自主技术创新阶段；这三个阶段的时间界限并不是非常清晰，三者之间是有重叠交叉的。

(1) 技术引进阶段

二战后，面对技术设备落后于欧美各国20多年的状况，日本根据本国国情采取了以引进技术为主的战略，将增强生产性技术和关键性核心技术，发展重点产业作为其恢复重建的突破口，以钢铁、电力、煤炭、造船等基础工业为重点，从海外大规模引进先进技术和关键设备。20世纪40年代末至60年代，日本初期的技术引进以大企业为主导，侧重于造船、电力、钢铁、煤炭等基础产业，以引进制造技术、进口成套设备和生产流水线为主要方式，引进目的是推动传统工业技术水平升级、降低企业成本、扩大企业的规模。20世纪70年代以后，随着日本基础产业的崛起，其技术引进侧重于环境保护、原子能工业等产业，重点引进计算机技术、集成电路等尖端技术。

(2) 模仿技术创新阶段

日本对所引进的国外先进技术并不是简单地照搬，随着引进技术的增加，日本制造企业技术水平得以提高，并具备了一定的生产基础，1955年以后，日本在技术引进的同时更加注重对引进技术的消化吸收，并通过模仿技术创新将引进技术"为己所用"。这一阶段日本制造企业针对引进技术，重点实施"逆向工程"策略，即企业将引进的成套设备及生产流水线应用到生产阶段，正常投产以后，对所引进技术的设计理论、技术标准、工艺流程和制造技术进行分析研究，进而对所引进的技术的工序流程重新整合，对生产工艺进行改进。这一阶段，日本技术引进的目的是通过技术引进提高企业自身的产业技术水平及其产品的国际竞争力，而且日本企业所引进的技术更加多样化，既有国外成熟的技术，也有国外新兴技术，甚至还引进国外实验室正在进行的、尚未投入生产、富有发展潜力的技术。

(3) 自主技术创新阶段

进入20世纪80年代以来，国际竞争日益加剧，国际贸易摩擦愈加激烈，特别是欧美等发达国家对知识产权的保护力度和对技术转让的控制力加强，日本企业从欧美等国引进先进技术的难度加大。日本企业开始逐步意识到，模仿型技术创新虽然能够促进日本的产业升级，但也造成了本国企业对国外技术的依赖性增强、企业基础研究落后、自主研发能力低等弊端，单纯依靠“模仿技术”必将使其国际竞争力走向衰退。因此，日本对其经济发展战略进行了革命性的变革，由“贸易立国”战略转向“技术立国”战略，将“技术创新”看作是经济发展的原动力，不断加强对基础性技术研究的投入，提高自主技术创新能力。这一阶段日本企业的技术创新还有一个重要特点是以市场为导向，市场驱动技术创新，通过对市场需求的灵敏反映，进行技术创新，以不断扩大产品市场份额，增强国际市场竞争力。

2. 日本制造业技术创新的总体概况

日本的通信、电子、光电、半导体、计算机、软件、机器人、基础材料等技术水平皆处于世界领先地位，尤其是半导体、机器人、广电、超导和平面显示技术甚至已经超越了美国。日本很多知名的制造企业，比如丰田、本田、索尼、日产、佳能、松下、东芝、夏普、三洋等，因其产品卓越的品质，而能跻身于世界优秀企业的行列，这也源于他们对技术创新的执著追求。

日本汽车制造业的发展，是从引进国外的装配技术，通过模仿创新来实现外国车型的国产化开始的，依靠国产新车型在质量和性能、外观等方面的创新，最终以经济实用、节能环保为特点在国际市场上胜出。机器人技术是日本公司与美国企业合作引进日本的，两年之后，日本就研制出了第一台国产机器人，此后经过不断的创新与研发，到今天日本已成为世界上机器人技术最先进的国家。晶体管技术是在美国首先发明，但晶体管发明仅四年之后，在美国还只限于用来生产助听器一类产品之时，日本推出了高质量的创新产品——晶体管收音机，从而引发了一场消费领域的电子革命。日本还是世界上最高水平的电子制造业“高水平材料、零部件产业集群”，从产业上游的材料技术、原材料加工水平，到产业中游的精密加工技术、材料、零部件、制造设备，再到产业下游的最终产品制造技术，日本制造企业都是世界电子制造业的最高水平。自2011年起，日系电子企业集体陷入亏损，夏普、索尼、松下等全球知名企业陷入困境，但相关的制造技术却依旧补给着整个世界，据统计iPhone有30%的零件来自日本制造，夏普依旧是苹果最重要的显示器供应商之一。

3. 日本政府促进制造业技术创新的政策

日本制造企业能够保持强大的技术创新能力，与日本政府的政策导向和支持密不可分。在日本企业技术创新的每一阶段，政府都有相应的战略规划或政策导向。

1951年日本政府陆续制定了“钢铁第一次合理化计划”、“汽车合理化三年计划”、“造船合理化计划”等产业合理化计划，将大力引进国外先进技术设备、提高本国产业的装备水平作为基本国策。1952年日本政府颁布《企业合理化促进法》，鼓励私人企业进行设备投资、引进国外先进技术。1961年日本政府颁布了《工矿业技术研究组合法》，鼓励日本企业成立技术研究组合，联合研发关键性、基础性和共同性技术。1980年日本制定并通过《80年代通商产业政策的设想》，提出了技术立国的发展战略，政府提供政策、资金以及技术支持，将钢铁、汽车、电子等产业作为其先导产业优先发展。1983年制定了《高技术工业集中开发促进法》。1986年，通过了《科学技术政策大纲》，提出要重视科学技术与人类社会的协调发展和科技发展的国际性。1995年日本政府通过了《科学技术基本法》，将“科技立国”作为基本国策，为增加科学技术预算提供了法律依据，1998年日本政府颁布了《大学等技术转移促进法》，对政府投入产生的知识产权权属进行了重新规定，可以由技术发明人和研究机构拥有。2001年日本政府颁布了《第二个科学技术基本计划》，进一步强调了科学技术的战略意义，对科技系统进行了改革，强调了基础研究和国际科技合作。2002年日本政府颁布了《知识产权基本法》，明确了专利所有权归属及收益分配问题，为保护企业技术创新成果提供了法律依据。2006年3月日本政府公布了《第三个科学技术基本计划》，计划继续加大研发投入，使日本成为具有国际竞争力、可持续发展的国家。2007年日本内阁正式审议通过了《创新25战略》，为日本创新立国制定了具体的政策路线图。

三、德国制造业的发展及技术创新现状

1. 德国制造业发展历程

18世纪60年代，英国开启了工业化进程，此后的半个多世纪，英国工业化的影响逐渐扩展到法国、比利时等欧洲国家。直到19世纪30、40年代，德国才开始了自己的工业化之旅。但在工业化初期，由于德国没有统一，工业化进程相当缓慢。直到1871年德国统一之后，20世纪初期德国工业才开始进入快速发展时期。在这一时期，德国作为工业国家的后起之秀，比英国、法国等先驱国家展现出更加强烈的创新意识。它很好地利用了第二次工业革命带来的新技术，并通过对英、法国家制造业的不断学习，成功研制出比英法等国更加先进的制造业产品，成功完成了对英国、法国等先驱工业国家的超越。其西部的鲁尔区在炼钢、炼焦、炼油、机械制造、造船、化学、食品、纺织等工业领域迅猛发展，成为欧洲最重要的工业中心。1913年德国成为世界上第二大经济体，而在此前的1906年，其工业总产值占全球比重高达16%，已经超越了英国，成为仅次于美国的第二大世界制造业中心（郑春荣、望路，2015）①。

二战后，德国百废待兴，这一客观现状为其非军事制造业提供了良好的发展机会。在马歇尔计划的支持下，德国经济得以迅速复苏。随后，德国制造业进入了另一个快速发展时期，其第二产业占GDP的比值由1960年的53.5%稳步上升至57.6%②。

然而，从20世纪70年代开始，受西方国家从工业到服务业、从劳动密集型制造业到技术密集型制造业转变的影响，德国也开始对经济进行结构

① 郑春荣，望路．德国制造业转型升级的经验与启示［J］．人民论坛·学术前沿，2015，(11)：40－48.

② 杨海洋．德国制造业优势产生并保持的原因分析［J］．改革与战略，2013，29（1）：116－121.

性调整，注重提高第三产业在经济中的比重，即所谓的“第三产业化”。由于在劳动力成本方面没有优势，德国开始专注发展知识和技术密集型工业，如医疗、测试和控制技术产品的制造等。在“第三产业化”过程中，德国制造业在总价值创造中的占比迅速下降，从1970年的36.5%下降至1990年的23%。此后，德国政府采取了振兴制造业的相关政策，控制住了德国制造业不断衰退的局面。

近30年来，德国制造业发展较为平稳，但在美国、法国等“再工业化”战略及新兴市场国家制造业转型升级的双面夹击下，为拔得全球制造业头筹，德国于2013年4月在汉诺威工业博览会上提出了“工业4.0”战略，认为人类将迎来以信息物理融合系统（Cyber - Physical Systems，CPS）为基础，以生产高度数字化、网络化、机器自组织为标志的第四次工业革命。

2. 德国制造业技术创新方面的经验总结

德国制造业的繁荣离不开其强大的技术创新体系。德国的联邦政府、州政府、高等院校以及研发机构共同构成了德国多元化分工协作的技术创新体系。

首先，德国非常重视基础研究。基础研究是应用研究的理论基础，借此可以发现制造业的潜在应用领域。德国拥有一系列从事基础研究的科研机构，如高等院校、马普学会、莱布尼兹科学联合会和德国亥姆霍兹联合会等。这些科研机构得到了政府的大力扶持。

其次，德国独具特色的应用科学创新体系也是其制造业取得成功的关键所在。弗劳恩霍弗研究院是德国最大的应用研究机构，其在全德下设了67家研究所，并将业务拓展到了海外。其科研领域涵盖微电子、材料和元件、信息和通讯等。该院的每一个研究所都有与制造业对应的应用研究专长。其运营资金七成来自其服务的企业，剩下三成则来源于政府的财政拨款。通过与德国制造业企业的深度合作，该院成了推进德国企业技术创新的重要力量。

再次，德国政府大力支持各种研发活动。一方面，德国政府采取多种措施来鼓励创新，为产、学、研合作提供财政补贴；另一方面，德国政府高度重视激发中小企业的创新活力，设立专门的扶持项目来鼓励中小企业创新。如德国政府规定，员工总数不足250人的中小企业有资格申请研发津贴，以支持中小企业进行自主研发或委托其他科研机构进行研发。在政府的积极支持下，德国制造业企业研发强度高达9.7%，而其他行业的研发强度仅为0.4%。

最后，德国“双元制”的职业教育为制造业技术创新提供了充足的人才支持。设计精妙的“双元制”职业教育，是德国制造的基石，它注重培养理论扎实、技术过硬且富有创新精神的技术工人，在德国技术创新过程中发挥着举足轻重的地位。

四、国外的经验总结及启示

从日本、美国、德国的制造业发展及技术创新过程中，得到了以下几点启示：

第一，应正确处理好自主技术创新和技术引进的关系。如前文所提及，二战后，日本制造业技术创新发展大致经历了技术引进、模仿技术创新和自主技术创新阶段三个阶段；日本的汽车、机器人、晶体管等产业的发展都是先通过模仿美国的技术，而后进行自主创新。德国在工业化初期阶段，也模仿了英国、法国等先驱工业化国家的技术创新。因此，中国在注重提升制造业自主技术创新能力的同时，也不能忽视对先进制造业国家引进适当的技术，并在此基础上进行消化吸收、再创新，提高制造业自主创新能力。

第二，政府的政策导向和资金支持在制造业技术创新中起着重要作用。从前文的分析可知，美国、日本、德国等发达国家在政策和资金上都给予了技术创新以极大的支持，并将以技术创新促进制造业发展提高到了国家战略的高度，如美国“振兴制造业”、德国“工业4.0”战略等，并且通过各种财政手段支持鼓励企业、大学、科研机构等进行基础性或应用型研发活动。

第三，结合本国实际情况是进行技术创新的前提。通过对美国、日本和德国的分析可知，在工业化发展的不同时期，如迅速发展时期、“去工业化”时期和“再工业化”时期，这些国家都根据自身的资源禀赋及经济条件，选择适合自己的技术创新方式。如前文所提及，20 世纪 70 年代，由于在劳动力成本上的竞争优势逐渐消失，德国就转而开始专注医疗、测试和控制技术产品的制造及信息通讯等知识和技术密集型产业的发展。中国传统制造业是在廉价劳动力成本的基础上发展起来的，技术创新水平较低。但随着中国人口老龄化程度越来越高、人口抚养比逐渐上升，中国的人口红利正在逐渐消失。与此同时，日本、美国、德国等发达国家纷纷掀起了“再工业化”浪潮，加之东南亚国家正在积极承接国际制造业的转移，中国需结合这些实际情况制定合适的技术创新策略，以技术创新推动制造业转型升级。

第五节 本章小结

本章主要运用描述性统计方法，从行业维度和区域维度对中国制造业发展现状、技术创新现状进行了统计分析；并对日本、美国、德国这三个制造业发达的国家的制造业发展历程及技术创新进行了分析，并总结了这些国家制造业技术创新方面的成功经验。

本章得到的主要结论有：

第一，从中国制造业整体发展情况来看，制造业总体规模不断扩大，但其增加值占 GDP 的比重有下降趋势；从对外开放情况来看，制造业出口规模不断扩大，但出口占比呈下降趋势；而 FDI 总规模及占比均呈波动性下降趋势。从不同所有制企业占比来看，制造业内资、外资企业分别占比 3/4 和 1/4，其中国有及国有控股企业占比约为 19%。从空间分布来看，呈现东中西逐渐递减的格局，由东部向中部转移的趋势明显。从行业分布情况来看，通信设备、计算机及其他电子设备制造，化学原料及化学制品制造业，黑色金属冶炼及压延加工业和电气机械和器材制造业等资本密集型和技术密集型行业的销售产值较大，占整个制造业的比重较高；而化学纤维制造业，家具制造业以及印刷和记录媒介复制业等劳动密集型行业的销售产值较小，占比也低。从盈利情况来看，2013 年制造业各行业平均营业利润率为6%，不同行业的利润率存在较大差距。

第二，中国制造业技术创新水平远远低于发达国家。中国制造业创新投入和产出都远远落后于日本、美国、韩国、德国、新加坡等发达国家；人才驱动的创新能力得分缺乏竞争力，中国制造业出口商品中，低技术及低度科技密集、劳动密集型和以资源为基础的商品占比高达39%，远高于发达国家。

第三，从制造业各行业技术创新情况来看，交通运输设备制造业，通信设备、计算机及其他电子设备制造业等技术密集型和资本密集型行业的技术创新能力较强；而纺织服装、鞋、帽制造业，家具制造业，木材加工业等劳动密集型行业技术创新能力较弱。

第四，从各地区制造业技术创新投入情况来看，制造业比较发达的省份如广东、江苏、山东、浙江、上海、河南等比较重视研发经费和研发人员的投入，在投入总量、投入强度以及投入增长率上都高于其他地区；而制造业欠发达省份，如吉林、黑龙江、江西、陕西等地研发经费和研发人员的投入相对较少。从各地区制造业技术创新产出情况来看，技术创新产出最多的省份仍然集中在江苏、广东、浙江、山东、上海等省份，而吉林、黑龙江、陕西、河北等省份仍是技术创新产出最少的省份。

第五，日本、美国、德国制造业的发展及技术创新给出启示：第一，应正确处理好自主技术创新和技术引进的关系，但单纯依靠技术引进和技术模仿必将最终丧失国际竞争力，提高自主技术创新能力才是赢得国际竞争力的必由之路；第二，政府的政策导向和资金支持在制造业技术创新中起着非常重要作用；第三，结合本国实际情况是进行技术创新的前提。

第三章

行业维度制造业技术创新的影响因素分析

第二章主要分析了中国制造业技术创新现状，并总结了美国、日本、德国制造业技术创新的经验。得到的主要结论是中国制造业技术创新水平远远落后于以美国、日本、德国为代表的发达国家。中国制造业粗放式发展方式没有得到根本改变，目前仍然处于全球价值链的底端位置，产品附加值较低。全球制造业竞争格局正在经历深刻变化，发达国家纷纷提出“再工业化”战略，东南亚等国家正在积极参与全球制造业的谋划与布局，中国自身劳动力、资源等成本优势逐渐消失，中国制造可谓既有外患又有内忧。在这种情况下，必须依靠技术创新促进中国制造业转型升级，使中国制造业从粗放式发展转向集约式发展，从低端的、低附加值的产业转向高端、高附加值的产业。唯有如此，才能重新获取国际竞争力。

然而，如何才能推动中国制造业技术创新？这是摆在我们面前的第一大难题。尽管影响中国制造业技术创新的因素纷繁复杂，但只要抓住主要因素，问题就会迎刃而解。鉴于此，本章及第四章将分别从行业维度和区域维度研究影响中国制造业技术创新的主要因素。

本章主要基于行业维度分析制造业技术创新的影响因素。第一节构建了行业维度制造业技术创新影响因素的理论框架，借鉴“技术创新就是知识生产新知识”（德克鲁，1998）的观点，重点研究知识创新和知识积累有关的创新资源投入对技术创新的影响，并将创新资源分成内部创新资源和外部创新资源。内部创新资源主要指企业自身的 R&D 投入，外部创新资源则主要包括两个方面的溢出：一是由国外技术引进、外资企业本土化的 R&D 活动以及 FDI 产生的国际 R&D 溢出，二是由购买国内技术产生的国内 R&D 溢出。由于“市场换技术”战略导致大量外资涌入中国，因此在考察 R&D 国际溢出时，重点考察 FDI 这一因素。此外，本书认为，要提升中国制造业技术创新能力，关键是要提升制造业内资企业的技术创新能力。因此，制造业内资企业是本章的重点研究对象。在此基础上，第二节主要从三个方面对技术创新的影响因素进行了实证分析：第一，内资企业自身 R&D 投入及制造业行业 R&D 技术溢出对内资企业技术创新的影响；第二，运用内、外资企业交互影响模型和知识生产函数分析了外资企业本土化 R&D 活动、FDI 溢出效应对中国制造业技术创新的影响，并分别用 FDI 进入强度和 FDI 的绝对规模这两个指标对 FDI 的溢出效应进行检验；第三，进一步分析了 FDI 对内资企业中不同行业的异质性技术外溢效应，发现各行业在市场结构、技术消化吸收能力以及对外开放程度方面的差异是造成这种异质性技术外溢效应的主要原因。第三节是本章的总结。

第一节 制造业技术创新影响因素的理论框架及模型构建

一、理论框架

技术创新就是知识生产新知识（德鲁克，1998）。企业技术创新不仅依赖于自身 R&D 资源的投入，还依赖于整个经济环境中可获取的知识存量。具体而言，影响企业技术创新的因素可以归结为三个方面，即与知识创造和知识积累有关的创新资源投入、与市场机制相关的产业组织变化，以及与市场机制相关的制度环境。本书重点分析与知识创新和知识积累有关的创新资源投入。与知识创造密切相关的技术创新过程的创新资源的投入可以分为两类：内部创新资源和外部创新资源。内部创新资源指企业内部的研发资源的投入（包括研发资本和研发人员的投入），是企业技术创新的根本动力和基本源泉。很多研究都证实了研发资源投入和研发人员投入对企业技术创新的正向促进作用。

企业外部创新资源主要包括两个方面的技术溢出：一方面是国外技术引进、外资企业 R&D 活动以及外商直接投资所产生的国际 R&D 溢出，另一方面是购买国内技术产生的国内 R&D 溢出（见图 3－1）。国外技术引进、外资企业的 R&D 活动以及 FDI 是本土企业快速接近"新技术或先进技术"的有效方法。如果企业对引进的技术能够较好地进行消化吸收并结合自身特点进行再创新，那么技术引进不仅可以直接促进本地企业技术创新，也可以通过影响本地企业自身 R&D 弹性，间接地促进其技术创新。相反，如果因为引进的技术与企业不协调或企业不能较好地消化吸收引进的技术，那么企业就不可避免地陷入"引进—落后—再引进—还是落后"的贫困陷阱中，企业用技术引进替代了自身 R&D 活动，进而阻碍企业技术创新。由此可知，企业外部创新资源能否对企业产生正向技术溢出效应，不仅取决于技术本身的特点，也取决于企业自身的消化吸收能力。在中国制造业中，外部创新资源是否对其产生了正向技术溢出呢？本节接下来将通过实证分析给出答案。

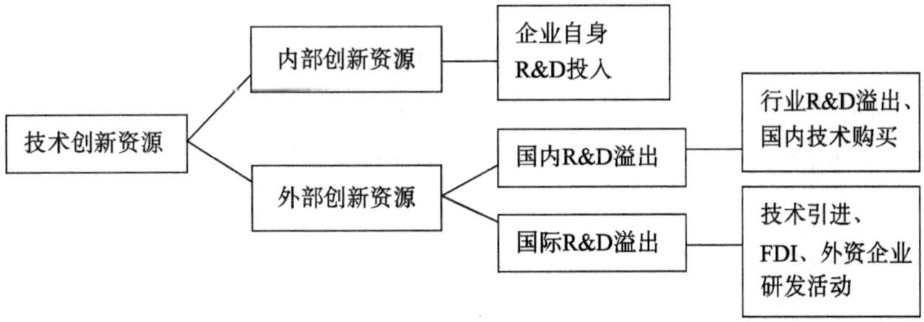

图 3－1　制造业技术创新资源分类示意图

此外值得说明的是，在国际 R&D 溢出因素中，本节将重点考察 FDI 对制造业技术创新的影响，原因有以下两个。第一，在中国"以市场换技术"的大背景下，FDI 大量流入。在中国的制造业内，不管是从销售产值、新产品销售收入来看，还是从专利申请数来看，外资企业技术创新在制造业整个行业的技术创新过程中占据着非常重要的地位（见表 3－1）。从表中可知，外资企业工业产值、新产品销售收入以及专利申请数占整个制造业的比重均在20%以上。在个别行业，如交通运输设备制造业和计算机、通讯设备和其他电子设备制造业，工业产值和新产品销售收入占比分别在40%和70%以上，外资如此高的占比势必会对制造业产生技术溢出效应。第二，一般来说，外资企业拥有比内资企业更先进的技术及管理经验，对内资企业会产生正向技术溢出效应，但与此同时，外资企业的存在也对内资企业产生了竞争压力。因此，FDI究竟会刺激制造业技术创新的能力，还是会使内资企业过分依赖外国技术，从而丧失了技术创新的能力？自Dougall (1960)① 首次提出FDI对东道国的技术溢出效应之后，这一问题就一直充满了争议。综合现有的文献可知，学者们对FDI技术外溢效应与国内企业技术创新关系的讨论，存在“抑制论”、“促进论”和“双刃剑论”三种不同的观点②。

持“促进论”观点的学者认为，外资流入东道国时会带入更新、更先进的技术，FDI可以通过企业效应、人员流动、学习模仿、竞争效应、出口效应以及前向关联和后向关联效应等各种渠道使本土企业受益（Blomstrlm和Kokko，1997)③。叶娇、王佳林（2014)、梁云、郑亚琴（2015）等人的实证研究都证实了FDI对本土企业的正向技术溢出效应。持“抑制论”观点的学者认为，FDI的流入对东道国企业造成了较大的竞争压力，外资的进入迫使东道国企业削减产量，从而在短期内降低了东道国企业的生产能力(Atiken和Harrison，1999)④。此外，FDI向东道国企业转移技术的证据并不存在，原因是内外资企业之间人员流动性差，内资企业很难获得外资企业的合同（Germidis，1997)⑤，外资企业为了维持垄断优势，会选择将技术进行内部转移，加上东道国企业技术消化吸收能力有限，导致FDI的技术溢

---

① MACDOUGALL G D A. The benefits and costs of private investment from abroad: a theoretical approach [J]. Economic Record, 1960, 36 (73): 13-32.

② 王红领，李稻葵，冯俊新. FDI与自主研发：基于行业数据的经验研究［J］. 经济研究，2006 (2): 44-56.

③ BLOMSTRLM M, KOKKO A. The impact of foreign investment on host countries: a review of the empirical evidence [R], World Bank policy research working paper 1745 (1997).

④ ATIKEN B, HARRISON A. Do domestic firms benefit from foreign direct investment? Evidence fromVenezuela [J]. American economic review, 1999, 89 (3): 605-618.

⑤ GERMIDIS D. Transfer of technology by multimational corporations [J]. Annals of tourism research, 1978, 5 (3): 372.

出效应也并不明显（王志鹏和李子奈，2004）。持“双刃剑”观点的学者认为，外资企业在东道国的研发投资扩大了东道国的研发资金来源，弥补了东道国 R&D 资金缺口。但与此同时，外资企业的产品往往技术含量较高，因而在东道国市场上更具有竞争力，这势必会迫使东道国的一部分企业退出市场，打击了本地企业的研发能力。制造业中 FDI 进入对制造业技术创新究竟产生的是促进作用，还是抑制作用，这需要通过实证研究给出答案。

表 3-1 制造业外资企业相关指标占制造业总体相关指标的比重 单位：%

行业	外资企业产值占比	外资企业新产品销售收入占比	外资企业专利申请数占比
农副食品加工业	18.44	24.00	12.62
食品制造业	30.31	29.90	25.27
饮料制造业	27.57	17.91	9.87
纺织业	16.43	13.87	24.76
纺织服装、服饰业	29.86	26.98	36.31
皮革、毛皮、羽毛（绒）及其制品业	36.58	35.06	28.13
木材加工和木、竹、藤、棕、草制品业	8.19	27.89	19.61
家具制造业	25.67	39.33	33.84
造纸和纸制品业	25.12	37.30	29.97
印刷和记录媒介复制业	19.74	31.70	24.86
文教体育用品制造业	37.00	35.51	43.10
石油加工、炼焦和核燃料加工业	11.62	5.72	7.23
化学原料和化学制品制造业	21.19	18.76	15.24
医药制造业	22.39	22.48	19.30
化学纤维制造业	28.01	29.03	16.73
橡胶和塑料制品业	23.83	25.56	30.22
非金属矿物制品业	10.44	21.47	18.89
黑色金属冶炼和压延加工业	10.93	9.07	6.47
有色金属冶炼和压延加工业	13.50	12.50	13.04
金属制品业	18.80	27.53	21.39
通用设备制造业	21.80	27.41	18.57
专用设备制造业	19.58	16.62	16.65
交通运输设备制造业	44.59	45.60	17.23
电气机械和器材制造业	26.57	26.01	25.68
计算机、通信和其他电子设备制造业	73.10	71.54	38.09
平均值	24.85	27.15	22.12

资料来源：2010—2014 年《中国工业企业统计年鉴》，表中各行业数据均为 2009—2013 年的平均值。

综上所述，本书认为影响中国制造业技术创新的因素有：内资企业R&D投入（包括R&D资本投入和R&D人员投入）、国内技术购买、技术引进、外资企业R&D投入和FDI，即：

$$f(x)=f(RD,RDP,TEPU,TEIM,FRD,FRDP,FDI)$$

式中，$f(x)$表示技术创新产出；变量RD、RDP、FRD、$FRDP$分别表示内资企业研发资本和研发人员投入，外资企业研发资本和研发人员投入；$TEPU$表示国内技术购买；$TEIM$表示技术引进；FDI表示外商直接投资。

二、模型构建

Cincer（1997）①、Crépon和Duguet（1997）②，以及Zhang等（2003）③等人在他们的相关研究中表明，企业在技术创新过程中，R&D投入产出关系通常都服从线性或非线性多项式形式，企业技术创新过程中投入产出的一般模型可表现为：

$$Y=f(R)+\lambda X+\varepsilon \tag{3.1}$$

式中，Y表示技术创新产出（通常可以用专利申请或有效发明数量、新产品销售收入或新产品产值来衡量）；R表示研发资本投入；X表示其他控制变量；λ是待估参数，ε表示随机误差项。

在此模型的基础上，本书进行了以下两方面拓展：第一，考虑到企业技术创新是一个连续的过程，R&D资本投入会不断贬值，因此R&D资本投入指标用当期R&D支出来表示是不妥的。为了克服这一不足，本研究运用永续盘存法来测算R&D资本存量。第二，考虑到企业技术创新过程中除了R&D资本投入之外，R&D人员投入同样不可或缺，因此上面模型中的R应该既代表R&D资本投入，也代表R&D人员投入。技术创新过程实质上是创新主体在一定的环境下，利用各种资源连续创造出新知识的过程，创新过

① CINCERA M. Patents, R&D and technological spillovers at the firm level: some evidence from econometric count models for panel data [J]. Journal of applied econometrics, 1997, 12: 265-280.

② CRÉPON B, DUGUET E. Estimating the innovation function from patent numbers: GMM on count panel data [J]. Journal of applied econometrics, 1997, 12: 243-263.

③ ZHANG A, ZHANG Y M, ZHAO R. A study of the R&D efficiency and productivity of Chinese firms [J]. Journal of comparative economics, 2003, 31: 450-464.

程的生产函数可以表示为：

$$Y = A_{it} RD_{it}^{\beta_1} RDP_{it}^{\beta_2} \tag{3.2}$$

式中，Y 表示制造业技术创新产出；RD 和 RDP 分别表示研发资本投入和研发人员投入；i 和 t 分别表示第 i 个行业和第 t 年；A 表示影响技术创新的其他因素。

根据前文的分析，本书认为 A 的具体内容包括：国内技术购买、外资企业本土化 R&D 活动、国外技术引进及外商直接投资。接下来的第二节将分别研究这些因素对技术创新的影响。

第二节　行业维度制造业技术创新影响因素的实证研究

一、R&D 投入、行业内 R&D 溢出与技术创新

关于企业 R&D 投入和行业内 R&D 溢出对企业技术创新的影响，较多学者都通过实证研究进行了探讨。其中，关于企业 R&D 投入对企业自主创新影响的研究较多，最近的研究如周芳（2014）通过对北京市制造业实证研究发现，无论是 R&D 经费投入还是 R&D 人员投入都对新产品产值有显著促进作用。李苗苗、肖洪钧、傅吉新（2014）针对战略性新兴产业的研究，也证实了企业 R&D 经费投入对企业技术创新能力的正向影响。相对于企业自身 R&D 而言，关于行业内 R&D 溢出对企业技术创新能力的研究较少。邓路、高连水（2009）对制造业的分析结果显示，制造业总体的国内技术购买、技术引进及外资企业的本土化 R&D 投入通过研发创新领域的相互竞争机制，对该行业自主创新存在显著正向溢出效应。杨俊、胡玮、张宗益（2015）研究发现，国内地区间购买技术的 R&D 溢出对本地技术创新存在人力资本门槛效应，在跨越门槛后，高层次人力资本更适合吸收行业 R&D 技术溢出。

综合现有的文献，本书发现，虽然研究企业 R&D 投入和行业 R&D 溢出效应的文献较多，但以中国制造业总体为样本，综合分析 R&D 投入和行业 R&D 溢出对制造业技术创新的影响的文献则相对比较缺乏。本节将采用制

造业的25个行业2009—2013年的面板数据，详细分析内资企业R&D投入、国内技术购买（TEPU）、技术引进（TEIM）及外资企业的R&D投入（包括外资企业研发资本投入FRD和研发人员投入FRDP）对中国制造业技术创新的影响。

1. 理论模型及变量说明

根据研究需要，此处将影响制造业技术创新的其他因素A设定为：

$$A_{it} = \gamma e^{f(TEPU, TEIM, FRD, FRDP) + \varepsilon_{it}} \tag{3.3}$$

式中，$TEPU$、$TEIM$、FRD、$FRDP$分别表示制造业各行业的国内技术购买经费支出、技术引进经费支出、外资企业的研发资本投入以及外资企业的研发人员投入。γ表示常数项；ε_{it}表示随机误差项。

此外，本书将f（$TEPU$，$TEIM$，FRD，$FRDP$）的形式设定为：

$$f(x) = \beta_3 \ln TEPU_{it} + \beta_4 \ln TEIM_{it} + \beta_5 \ln FRD_{it} + \beta_6 \ln FRDP_{it} \tag{3.4}$$

将（3.4）式带入（3.3）式，并将（3.3）式带入（3.2）式，两边取对数后得到：

$$\ln Y_{it} = \beta_0 + \beta_1 \ln RD_{it} + \beta_2 \ln RDP_{it} + \beta_3 \ln TEPU_{it} + \beta_4 \ln TEIM_{it} + \beta_5 \ln FRD_{it} + \beta_6 \ln FRDP_{it} + \varepsilon_{it} \tag{3.5}$$

此外，本书想进一步探索中国制造业的外部技术创新资源与其自身技术创新资源之间是否存在“互补”关系或“替代”关系，在（3.5）式的基础上引入两者的交叉项，得到：

$$\ln Y_{it} = \beta_0 + \beta_1 \ln RD_{it} + \beta_2 \ln RDP_{it} + \beta_3 \ln TEPU_{it} + \beta_4 \ln TEIM_{it} + \beta_5 \ln FRD_{it} + \beta_6 \ln FRDP_{it} + \beta_7 \ln RD_{it} \times \ln TEPU_{it} + \beta_8 \ln RD_{it} \times \ln TEIM_{it} + \beta_9 \ln RD_{it} \times \ln FRD_{it} + \beta_{10} \ln RDP_{it} \times \ln FRDP_{it} + \varepsilon_{it} \tag{3.6}$$

式中，Y表示制造业技术创新产出指标，用内资企业新产品销售收入来衡量，并利用以2009年为基期的“工业生产者出厂价格指数”对其进行了平减。

对于R&D资本存量的核算，本书采用永续盘存法，核算公式为：

$$RD_{it} = (1-\delta) RD_{i(t-1)} + E_{it} \tag{3.7}$$

式中，RD_{it}表示i产业t年时经过平减处理后R&D资本存量，E_{it}表示i产业第t年经过平减后的当年R&D投入量，δ表示折旧率。

本书采用《中国科技统计年鉴》中“按行业分规模以上工业企业R&D

经费内部支出”数据来估算 R&D 资本存量。以 2009 年为基期，假定研发资本的增长率等于 E 的增长率，R&D 资本存量的初始值为 $RD_{i0}=\frac{E_{i0}}{g+\delta}$，$g$ 为 E 的年均增长率，本研究根据样本数据，先计算各行业 2009—2013 年每年的 R&D 经费投入增长率，然后求各行业增长率的算术平均数作为各行业的增长率。研发资本的折旧率 δ 的取值则参考 Griliches 等（1989）①、吴延兵（2008）② 等的做法，将其设定为 15%。

在对 R&D 资本存量进行平减处理时，对于 R&D 价格指数的构建，学者们采用了多种方法，如 Jaff（1972）利用非金融企业中工资价格指数和 GNP 隐含指数的加权平均值来作为 R&D 支出价格指数；朱平芳和徐伟民（2003）将其设定为固定资产投资价格指数和消费者价格指数的加权平均值，其中固定资产投资价格指数和消费者价格指数的权重分别为 0.45 和 0.55。根据国家统计局和科技部的统计资料显示，2003—2005 年各年科技活动经费内部支出“劳务费”和“仪器设备费”平均比重基本相同。鉴于此，本研究将固定资产投资价格指数和消费者价格指数赋予相同的权重，都设为 0.5，R&D 价格指数即为两者的平均数，即 R&D 价格指数（PI）为：

$$PI=\frac{F+C}{2} \tag{3.8}$$

式中，F 表示固定资产投资价格指数，C 表示消费者价格指数。

对于研发人员投入项，采用 R&D 活动人员全时当量（人年）数值来衡量。TEPU、TEIM 和 FRD 这三个变量采取与研发资本存量相同的处理方法。

本节以内资企业制造业 25 个行业（与前文的统计口径保持一致）2009—2013 年的数据为样本，相关数据来源于《工业企业科技活动统计年鉴》（2010—2014 年）。

2. 计量方法及结果分析

运用面板数据进行分析时，本书主要考虑随机效应（Random Effects，

---

① GRILICHES Z. Patents: recent trends and puzzles [J]. Brookings Papers on Economic Activity, 1989: 291-319.

② 吴延兵. 自主研发、技术引进与生产率 [J]. 经济研究，2008（8）：52-62.

RE）和固定效应（Fixed Effects，FE）两种模型。FE 模型把用来反映截面差异的截距项看成是固定的，并假定截面成员上的个体影响可以由常数项的不同来说明；而 RE 模型与 FE 模型的不同之处在于，RE 模型把用来反映截面差异的截距项分为常数项和随机误差项两部分，并用其中的随机变量项来表示模型中被忽略、反映截面差异的变量的影响。在这两个模型中进行选择一般用 Hausman 检验方法。Hausman 检验的原假设和备择假设分别是：H_0：个体效应与解释变量不相关（RE 模型）；H_1：个体效应与解释变量相关（FE）。

假设个体随机效应回归模型和个体固定效应回归模型参数估计量分别用 β_{RE} 和 β_{FE} 表示。如果实际模型是个体随机效应回归模型，那么 β_{RE} 和 β_{FE} 是一致估计量，两者差距应该较小；如果实际模型是个体固定效应回归模型，那么 β_{FE} 是一致估计量，β_{RE} 是非一致估计量，两者应存在较大差异。因此，如果两种估计结果差异小，说明可以建立个体随机效应回归模型；相反，如果两种估计结果差异较大，则应建立个体固定效应回归模型。Hausman 检验中的 H 值为：

$$H = \frac{(\beta_{FE} - \beta_{RE})^2}{s(\beta_{FE})^2 - s(\beta_{RE})^2}$$

若 H_0 成立，H 统计量服从自由度为 k 的 χ^2 分布，k 为模型中解释变量的个数。如果 H 值大于相应（一定显著性水平之下）的 χ^2 分布值，模型存在个体固定效应，应建立个体固定效应模型；反之则建立随机效应模型①。

运用 Eviews 7.0 进行回归，结果如表 3－2 所示：

表 3－2　R&D 投入、行业 R&D 技术溢出对制造业技术创新的影响

	模型 1	模型 2	模型 3	模型 4	模型 5	模型 6
C	7.088***	10.233***	9.350***	4.469	4.503	7.900**
	(9.787)	(5.318)	(4.394)	(0.986)	(0.852)	(1.992)
ln*RD*	0.721***	0.197	0.208	0.854**	0.862**	0.276
	(3.780)	(1.021)	(1.094)	(2.246)	(2.194)	(0.952)
ln*RDP*	−0.117	0.262*	0.257*	−0.144	−0.178	0.248
	(−0.462)	(1.716)	(1.669)	(−0.554)	(−0.258)	(1.462)

① 高铁梅．计量经济分析方法与建模：Eviews 应用及实例（第二版）［M］．北京：清华大学出版社，2009.

续表

	模型 1	模型 2	模型 3	模型 4	模型 5	模型 6
ln*TEPU*		-0.391** (-2.185)				-0.352* (-1.947)
ln*TEIM*			-0.224 (-1.230)			-0.015 (-0.046)
ln*FRD*				0.281*** (2.653)	0.264** (2.303)	0.259* (1.817)
ln*FRDP*					0.407 (0.051)	-0.542 (-0.790)
ln*RD* × ln*TEPU*		0.030** (2.425)				0.037 (1.367)
ln*RD* × ln*TEIM*			0.023* (1.784)			0.003 (0.127)
ln*RD* × ln*FRD*				-0.014 (0.559)	-0.015 (-0.249)	-0.073 (-1.107)
ln*RDP* × ln*FRDP*					0.001 (0.017)	0.067 (0.964)
Adj - R^2	0.942	0.816	0.819	0.941	0.940	0.791
H 值	9.449	7.422	5.604	11.681	11.774	8.714
适用模型	FE	RE	RE	FE	FE	RE

注：***、**、* 分别表示变量在 1%、5% 和 10% 的水平上显著。括号中的数字表示 *t* 值。FE 和 RE 分别表示固定效应和随机效应。后文所有表格中出现与此表相同的表达方式，除特别说明外，含义都与此表相同。*H* 值表示随机效应和固定效应检验的 Hausman 值。

从表 3-2 可以得出如下结论：

第一，制造业的研发资本投入和研发人员投入对其技术创新产出有显著促进作用。表 3-2 显示的模型 1、模型 4 和模型 5 中，ln*RD* 的系数均显著为正，其值分别为 0.721、0.854 和 0.862。表明制造业研发资本投入每增加 1%，就可以带动其技术创新产出增加 0.7%—0.8%。在模型 2 和模型 3 中，ln*RDP* 的系数分别为 0.262 和 0.257，且均在 10% 水平上显著，这表明制造业研发人员全时当量每增加 1%，制造业技术创新产出就增加约 0.2%。比较 ln*RD* 和 ln*RDP* 的系数大小可知，内资企业研发资本投入的技术创新产出弹性要大于研发人员投入产出的弹性。这一方面说明中国制造业中研发人员创新效率较低，另一方面也说明相对研发人力资源而言，研发物质资源较为稀缺。因此，增加制造业中 R&D 资源投入对其技术创新效率的提升能够起到更为显著的促进作用。

第二，制造业的技术购买对其技术创新产出具有显著的负向影响，技术引进对其技术创新产出并无显著影响。在模型 2 和模型 6 中，ln*TEPU* 的系数分别为 -0.391 和 -0.352，且分别在 5% 和 10% 水平上显著。这说明单纯依靠技术购买并不能提升内资企业自身的自主创新能力。从模型 3 和模型 6 的回归结果来看，ln*TEIM* 的系数分别为 -0.224 和 -0.015，但均不显著。造成制造业技术购买和技术引进对内资企业技术创新产生抑制作用的原因可能有两个方面，一方面是内资企业技术购买和技术引进不当，另一方面是内资企业在购买或引进技术后，自身消化吸收能力不足。

第三，制造业外资企业本土化研发资本投入对内资企业技术创新产出具有显著的促进作用，而外资资源本土化研发人员投入对内资企业技术创新却没有显著影响。ln*FRDP* 的回归系数在模型 5 和模型 6 中分别为 0.407 和 -0.542，都不显著。模型 4—6 中，ln*FRD* 的回归系数分别为 0.281、0.264 和 0.259，且分别在 1%、5% 和 10% 水平上显著，这说明外资企业的研发活动对内资企业技术创新产生了显著的正向溢出效应。这其中的原因不难理解，一方面，外资企业研发活动的本土化会直接导致国外的研发资源、研发技能等的流入，这有助于提升内资企业的技术创新能力；另一方面，外资企业往往在进行本土化技术创新活动时，会与中国企业、科研机构以及大学等展开广泛的技术合作，在合作过程中内资企业、科研机构等会获取外资企业内部一些创新技术。

第四，从内资企业 R&D 变量与行业总体技术购买、技术引进以及外资企业的研发资本投入三者的交叉项来看，内资企业自身的研发资本投入与制造业总体的国内技术购买、技术引进存在显著的互补关系，而与外资企业本土化的研发资本投入不存在显著替代的关系。模型 2 中，$\ln RD \times \ln TEPU$ 的系数为 0.030，且在 5% 水平上显著；模型 3 中，$\ln RD \times \ln TEIM$ 的系数为 0.023，且在 10% 水平上显著；模型 4 和模型 5 中，$\ln RD \times \ln FRD$ 的系数分别为 -0.014 和 -0.015，但结果并不显著。结合前文其他回归结果可以发现，虽然技术购买和技术引进对内资企业技术创新能力影响为负（其中技术引进的负向影响不显著），但是技术购买和技术引进和研发资本投入交叉项却对内资企业技术创新具有促进作用，这说明技术购买和技术引进都通过内资企业自身的R&D活动对内资企业技术创新产生了正向溢出效应，即内资企业自身的技术创新在技术购买和技术引进本土化过程中起着举足轻重的作用。该结果也印证了Blumerthal（1976）①、Lall（1989）②、Freeman（1997）③ 等人的观点：即使只是模仿先进技术，也需要自身具备一定的研发能力。外资企业本土化的研发资本投入对内资企业技术创新有促进作用，而其与内资企业的研发资本的交叉项却为负，说明外资企业的研发资本支出和内资企业的研发资本支出存在替代关系，这说明制造业外资企业在进行本土化研发活动时，与内资企业存在激烈的市场竞争关系。

3. 消化吸收能力不同行业的技术创新的影响因素分析

目前，中国制造业原始创新的比重较小，很多核心技术都依靠引进或购买。在这种情况下，对外来技术进行消化吸收的能力便成了影响内资企业技术创新的重要因素。鉴于此，本研究将分析的25个行业按照消化吸收能力（Digestion & Absorption，DA）强弱分成两组，对比分析影响内资企业自主创新的因素。

对本书所选取的制造业25个行业的消化吸收能力进行划分时，首先计算2009—2013年各年内资企业消化吸收经费支出占其技术引进与国内技术购买之和的比率，然后计算这五年的算术平均数，用平均数来衡量各行业消化吸收能力强弱。计算结果如表3-3所示。

表3-3　内资企业各行业2009—2013年的技术消化吸收能力

行业	2009年	2010年	2011年	2012年	2013年	均值
农副食品加工业	0.5643	0.1093	0.9312	0.6573	0.6395	0.5803
食品制造业	0.2857	0.5780	0.5445	0.4177	0.5307	0.4713
饮料制造业	0.2524	0.4770	0.2873	0.2123	0.3743	0.3207

① BLUMENTHAL T. Japan's technological strategy [J]. Journal of development economics, 1976, (3): 245-255.

② LALL S. Learing to industrialise: the acquisition of technological capability by India [M]. London: Macmillan, 1989.

③ FREEMAN C, SOETE L. The economics of industrial innovation [M]. Cambridge, Mass: MIT Press, 1997.

续表

行业	2009 年	2010 年	2011 年	2012 年	2013 年	均值
纺织业	0.4174	0.4704	0.3844	0.5395	0.4730	0.4569
纺织服装、服饰业	0.2099	0.4131	0.2940	0.3003	0.2738	0.2982
皮革、毛皮、羽毛（绒）及其制品业	0.1688	0.4151	1.2512	0.3240	0.6745	0.5667
木材加工和木、竹、藤、棕、草制品业	0.3941	0.4969	0.5721	0.0506	0.0667	0.3161
家具制造业	0.6144	0.5752	0.0636	0.2406	0.8785	0.4745
造纸和纸制品业	0.0805	0.3159	0.1833	0.3026	0.3175	0.2400
印刷和记录媒介复制业	0.1427	0.3198	0.0694	0.0292	0.0936	0.1309
文教体育用品制造业	0.6305	0.2210	0.0717	0.2206	0.2593	0.2806
石油加工、炼焦和核燃料加工业	0.1949	0.3547	0.9222	0.7244	0.7354	0.5863
化学原料和化学制品制造业	0.3094	0.4071	0.2267	0.3379	0.2045	0.2971
医药制造业	0.4616	0.5186	0.3296	0.3054	0.2513	0.3733
化学纤维制造业	0.1751	0.4811	0.2816	0.1263	0.0620	0.2252
橡胶和塑料制品业	0.1754	0.3665	0.6866	0.7184	0.5168	0.4928
非金属矿物制品业	0.2897	0.4590	0.2332	0.2582	0.4139	0.3308
黑色金属冶炼和压延加工业	0.2618	0.2339	0.1654	0.1503	0.1854	0.1994
有色金属冶炼和压延加工业	0.4851	0.5708	0.5779	0.7867	0.5955	0.6032
金属制品业	0.5444	0.5977	0.3816	0.6019	0.2604	0.4772
通用设备制造业	0.2007	0.3124	0.4101	0.4603	0.6252	0.4017
专用设备制造业	0.2619	0.4021	0.3597	0.3773	0.2875	0.3377
交通运输设备制造业	0.5769	0.3589	0.3034	0.2222	0.1847	0.3292
电气机械和器材制造业	0.3560	0.2784	0.4278	0.3317	0.3494	0.3486
计算机、通信和其他电子设备制造业	0.1576	0.2039	0.1767	0.0555	0.2635	0.1714

资料来源：2010—2014 年《中国工业企业统计年鉴》。

根据计算结果，将 DA > 0.4 的行业划为“消化吸收能力强组”，DA < 0.4 的行业划为“消化吸收能力弱组”①。两组的回归结果如表 3 – 4 所示。

① “消化吸收能力强组”的行业有如下 10 个：通用设备制造业，纺织业，食品制造业，家具制造业，金属制造业，橡胶和塑料制品业，皮革、毛皮、羽毛（绒）及其制品业，农副食品加工业，石油加工、炼焦和核燃料加工业，有色金属冶炼和沿用加工业。其他 15 个行业被划入“消化吸收能力弱组”。

表 3－4 消化吸收能力不同行业的技术创新影响因素

	DA >0.4			DA <0.4		
	模型 1	模型 2	模型 3	模型 4	模型 5	模型 6
C	14.141***	14.655***	18.320***	2.394	8.127**	-1.536
	(10.978)	(7.056)	(4.852)	(0.505)	(2.496)	(-0.219)
ln*RD*	0.256***	0.251**	1.042**	1.235**	0.266	1.384**
	(3.013)	(2.584)	(2.644)	(2.132)	(0.860)	(2.207)
ln*RDP*	0.058	0.257***	1.137***	-0.258	0.299**	0.285
	(0.496)	(4.181)	(2.725)	(-0.616)	(2.247)	(0.688)
ln*TEPU*	-0.704***			0.401		
	(-5.572)			(0.974)		
ln*TEIM*		-0.657***			-0.122	
		(-3.729)			(-0.428)	
ln*FRD*			-0.825***			0.778
			(-2.900)			(1.184)
ln*FRDP*			0.319			-0.507
			(0.528)			(-0.537)
ln*RD* × ln*TEPU*	0.055***			0.034**		
	(5.984)			(-1.947)		
ln*RD* × ln*TEIM*		0.056***			0.015***	
		(4.214)			(2.799)	
ln*RD* × ln*FRD*			0.065***			-0.043
			(3.587)			(-0.578)
ln*RDP* × ln*FRDP*			-0.033			-0.070
			(-0.534)			(0.778)
Adj－R^2	0.942	0.926	0.922	0.928	0.965	0.928
H 值	5.608	3.161	3.876	8.085	6.640	8.528
适用模型	RE	RE	RE	FE	RE	RE

注：***、**、* 分别表示变量在 1%、5% 和 10% 的水平上显著。括号中的数字表示 *t* 值。FE 和 RE 分别表示固定效应和随机效应。后文所有表格中出现与此表相同的表达方式，除特别说明外，含义都与此表相同。*H* 值表示随机效应和固定效应检验的 Hausman 值。

在内资企业“消化吸收能力强组”，ln*TEPU*、ln*TEIM* 和 ln*FRD* 三者的回归系数均显著为负，说明这三者对内资企业消化吸收能力强的行业自主创新能力具有抑制作用；而内资企业研发资本投入与国内技术购买、技术引进以及外资企业本土化研发资本投入的交叉项 ln*RD* × ln*TEPU*，ln*RD* × ln*TEIM*，ln*RD* × ln*FRD* 的系数均为正，且在 1% 水平上显著，说明在消化吸收能力较强的行业中，国内技术购买、技术引进和外资企业的研发资本投入与内资企业自身的研发资本投入之间存在互补关系，三者均通过内资企业自身的 R&D 资本投入对其产生了正向技术溢出效应。

然而，内资企业“消化吸收能力弱组”中，ln*TEPU*、ln*TEIM* 和 ln*FRD* 三者的回归系数分别为 0.401、−0.122 和 0.778，但均不显著。这说明国内技术购买、技术引进以及外资企业的 R&D 活动对内资企业中消化吸收能力弱的行业的技术创新活动不存在显著的抑制或促进作用。交叉项 $\ln RD\times\ln TEPU$，$\ln RD\times\ln TEIM$，$\ln RD\times\ln FRD$ 的回归分别为 0.034、0.015 和 −0.043，且前两者分别在 5% 和 1% 水平上显著，而 $\ln RD\times\ln FRD$ 的回归系数不显著。相对而言，强组中 $\ln RD\times\ln TEPU$，$\ln RD\times\ln TEIM$，$\ln RD\times\ln FRD$ 的回归系数分别为 0.055、0.056 和 0.065，均分别大于弱组中对应项的回归系数，这说明在消化吸收能力强的行业中，国内技术购买、技术引进以及外资企业的研发活动与内资企业研发活动的互补作用均要强于消化吸收能力弱的行业。

4. 主要结论

本节通过分析内资企业 R&D 投入和行业内 R&D 溢出，主要得到了以下结论：一是制造业的研发资本投入和研发人员投入对其技术创新产出有显著促进作用，且 R&D 资本的弹性要大于 RDP 的弹性。二是制造业的技术购买对其技术创新产出具有显著的负向影响，技术引进对其技术创新产出并无显著影响。造成二者对内资企业技术创新产生抑制作用的原因可能有两个方面，一方面是内资企业技术购买和技术引进不当，另一方面是内资企业在购买或引进技术后，自身消化吸收能力不足。三是制造业外资企业本土化研发资本投入对内资企业技术创新产出具有显著的促进作用，而外资企业本土化研发人员投入对内资企业技术创新却没有显著影响。四是内资企业自身的 R&D 投入与制造业行业总体国内技术购买、技术引进存在显著的互补关系，而与外资企业本土化研发资本投入无显著替代的关系。制造业外资企业在进行本土化研发活动时，与内资企业存在激烈的市场竞争关系。五是行业 R&D 溢出效应的大小会受到内资企业自身技术消化吸收能力的影响。在消化吸收能力强的行业中，国内技术购买、技术引进以及外资企业的研发活动与内资企业研发活动的互补作用均要强于消化吸收能力弱的行业。

二、外资进入强度与技术创新：内、外资企业相互影响模型

前文已提及，外资进入对本土企业技术溢出效应存在“促进论”、“抑制论”和“双刃剑论”三种观点分歧。鉴于中国制造业中外资的比重较大，本书将从制造业中外资进入强度和外资进入绝对量这两个维度分别考察其对该行业技术创新的影响。本书认为，若在这两个维度下能够得出相同或相似的结论，那么就可以进一步确认制造业内 FDI 进入对内资企业技术创新的影响。

1. 模型设定和变量说明

毋庸置疑，外资企业的进入影响了中国内资企业的技术创新，但与此同时，随着竞争环境越来越激烈以及双方科技人员的流动，内资企业也会对外资企业的技术创新能力产生影响。基于此，本书构造了一个交互影响的模型，检验内资企业以及外资企业（含港澳台）之间技术创新活动的交互影响，具体形式如下：

$$\ln Yn_{it} = \alpha_0 + \alpha_1 \ln RDn_{it} + \alpha_2 \ln RDPn_{it} + \alpha_3 \ln Yw_{it} + \alpha_4 \ln FDI_{it} + \alpha_5 \ln EXP_{it} + \alpha_6 \ln RDw_{it} + \alpha_7 \ln RDPw_{it} + \varepsilon_{it} \tag{3.9}$$

$$\ln Yw_{it} = \alpha_0 + \alpha_1 \ln RDw_{it} + \alpha_2 \ln RDPw_{it} + \alpha_3 \ln Yn_{it} + \alpha_4 \ln FDI_{it} + \alpha_5 \ln EXP_{it} + \alpha_6 \ln RDn_{it} + \alpha_7 \ln RDPn_{it} + \varepsilon_{it} \tag{3.10}$$

两式中，Yn_{it}和 Yw_{it}分别表示制造业和外资企业的新产品销售收入（n 表示内资企业，w 表示外资企业）；i 表示不同行业；t 表示各年份；RDn_{it}、$RDPn_{it}$、RDw_{it}、$RDPw_{it}$分别表示制造业和外资企业的研发资本投入和研发人员投入，其中研发资本投入用研发经费内部支出来衡量，研发人员投入用研发人员折合全时当量来衡量；FDI 表示制造业外资进入强度，用外资企业产值占制造业总产值来衡量；EXP 表示外资企业的产品出口率，用出口交货值和销售收入的比值来衡量。

如果产品出口率越小，说明外资企业更加注重国内市场，其产品主要在国内销售，这相当于在抢占内资企业的市场份额，因此内资企业面临的竞争压力就更大；相反，如果产品出口率越大，则说明外资企业看重的是国内廉价的人力资源，其产品主要销往国外，因此对内资企业造成的竞争

压力相对也较小。由于 *EXP* 值的大小不同对内资企业造成的竞争压力也不同，进而对其技术创新的影响也存在差异，因此本书也引入该指标。

本节的分析数据来自《工业企业科技活动统计年鉴》（2010—2014年）。统计的行业仍与上文保持一致，为制造业内 25 个行业。内资企业包括国有企业、集体企业、私营企业、联营企业和股份企业五类，外资企业包括港澳台企业在内。

本节对新产品销售收入以及研发资本投入的处理方式仍和前文差不多，在此不再赘述。至于外资进入强度和外资企业的产品出口率，由于都是用比值来衡量，各自的分子、分母中包含差不多一致的价格趋势，因此不需要对这两个指标进行平减处理。

2. 实证检验及结果说明

运用 Eviews 7.0 进行回归分析，得到的结果如表 3 - 5 所示。

表 3 - 5　FDI 进入强度对内资企业技术创新的影响（被解释变量：ln*Yn*）

	RE	FE	EGLS
C	3.845*** (4.348)	5.602*** (3.725)	5.910*** (12.287)
ln*RDn*	0.584*** (3.751)	0.695*** (3.095)	0.640*** (9.153)
ln*RDPn*	0.113 (0.561)	-0.114 (-0.417)	0.066 (0.712)
ln*Yw*	0.263*** (2.882)	0.083 (0.615)	0.094** (2.060)
ln*FDI*	-0.270* (-1.982)	-0.309 (-1.321)	-0.123* (-1.694)
ln*EXP*	0.105 (1.205)	0.232 (0.972)	0.031 (0.415)
ln*RDw*	0.026** (2.199)	0.021** (2.128)	-0.01 (-0.209)
ln*RDPw*	-0.102 (0.162)	0.062 (0.287)	-0.057 (-0.812)
Adj - R^2	0.828	0.941	0.991
H 值	8.462		

注：RE、FE 和 EGLS 分别表示随机效应模型、固定效应模型和消除了序列相关和异方差影响的广义最小二乘法模型。

从表3-5可以看出，H值在10%水平上并不显著，因此应采用随机效应模型。从模型估计结果来看，制造业的R&D资本投入对其技术创新投入具有显著的正向影响，但R&D人员投入的影响虽为正，但并不显著。且从ln*RDn*和ln*RDPn*的系数来看，R&D资本投入的产出弹性要大于R&D人员投入的产出弹性，这说明研发资本投入比研发人员投入对制造业技术创新所起的作用更大；同时这一结果也说明制造业内部研发人员的效率较低。ln*Yw*的系数显著为正，说明外资企业技术创新产出越多，对内资企业技术创新的促进作用越大，这说明制造业在技术创新上对外资企业存在追赶效应。一般来说，外资企业依靠母公司强大的技术后盾，在技术创新方面始终领先内资企业一步，外资企业研发出新产品后，会侵占内资企业原有产品的市场份额，这就迫使内资企业也不断研发出新产品，以保持或扩大自身的市场份额。ln*FDI*的回归系数显著为负，说明制造业的技术创新与外资进入强度呈反向关系，即制造业内外资进入的规模越大，对内资企业技术创新的抑制作用就越大。这是因为外资企业的进入侵占了内资企业的市场空间，降低了内资企业创新活动的边际收益，从而降低了后者进行技术创新活动的动力，不利于后者技术创新能力的提升。ln*EXP*的系数为正，但并不显著，说明外资企业的出口比率对内资企业技术创新并无显著影响。ln*RDw*的系数显著为正，说明外资企业的研发资本投入对内资企业的技术创新有促进作用，这表明外资企业对内资企业存在示范效应，同时也表明中国制造业的研发活动具有模仿创新的特征。ln*RDPw*的系数为负，但并不显著，说明外资企业研发人员投入对内资企业技术创新的影响并不显著。

概括来说，制造业内外资进入强度对内资企业技术创新的影响方向并不明确。虽然外资的大规模进入对内资企业技术创新有一定的抑制作用，但与此同时，外资企业也对内资企业起到了显著的示范效应，即内资企业通过外资企业购买一些先进的设备、产品或技术，以改善生产方式，从而提升自身技术创新能力。

表3-6中Husman检验值在1%水平上显著，说明应采用固定效应模型。同时可以看出，外资企业的技术创新模型与内资企业存在明显差异。比较外资企业研发资本投入ln*RDw*和研发人员投入ln*RDPw*的系数可知，ln*RDw*的系数虽为正，但并不显著；而ln*RDPw*的系数为0.656，远大于

表3-6　内资企业对外资企业技术创新的影响（被解释变量：ln*Yw*）

	RE	FE	EGLS
C	6.919*** (5.775)	4.394*** (5.184)	6.010*** (12.055)
ln*RDw*	0.103 (0.719)	0.046 (0.372)	0.068 (1.155)
ln*RDPw*	0.509*** (2.813)	0.656*** (4.648)	0.323*** (3.657)
ln*Yn*	0.062 (0.695)	0.199** (2.459)	0.036 (1.264)
ln*FDI*	0.112 (0.550)	0.231* (1.696)	0.171* (1.985)
ln*EXP*	0.023 (0.110)	0.037 (0.402)	0.168 (1.572)
ln*RDn*	0.175 (0.859)	0.103 (0.652)	0.264** (2.805)
ln*RDPn*	-0.155 (-0.656)	-0.122 (-0.638)	0.001 (0.008)
Adj-R^2	0.955	0.770	0.991
H 值	19.924***		

注：***、**、* 分别表示变量在1%、5%和10%的水平上显著。括号中的数字表示 *t* 值。FE 和 RE 分别表示固定效应和随机效应。后文所有表格中出现与此表相同的表达方式，除特别说明外，含义都与此表相同。*H* 值表示随机效应和固定效应检验的 Hausman 值。

ln*RDw* 的系数，而且在1%水平上显著。这一结果与外资企业技术创新活动的区位分工有关。新技术研发在企业发展中占据举足轻重的地位，加之技术本身的拟公共物品性质，核心技术以及基础性研发活动一般集中在跨国公司的总部，耗资占跨国公司研发总经费中相当大的比重；而跨国公司分散在世界各地分（子）公司由于接近当地市场，其研发部门在很大程度上只承接生产工艺和产品本土化的技术调整与改良部分，耗资也相对较少。因此，对于外资企业而言，要想不断推出适合本地市场的新产品，拥有一支熟悉本地市场、密切关注市场动向的科研队伍比研发投入更为重要。

从内资企业对外资企业的影响来看，ln*Yn* 的系数显著为正，说明内资企业的新产品销售收入越多，外资企业新产品销售收入也越多，即内资企业的创新促进了外资企业的创新。该结果表明内资企业与外资企业在创新博弈中存在一种“挤牙膏现象”：内资企业在技术创新上一发力，外资企业就推出更多新产品，即内资企业激发了外资企业的创新动力。实际上，外资企业借助母公司强大的技术后盾，在技术创新上往往是领先者，往往对内资企业保持着技术优势；但它又控制着领先幅度不至于太大，是因为创新成本的存在。只有当内资企业的技术创新活动威胁到自身利益时，外资企业才会在技术创新上继续“发力”，这与蒋殿春和夏良科（2006）基于高技术产业得出的结论基本一致[①]。然而，内资企业的研发活动对外资企业技术创新并无显著的影响（ln*RDn* 和 ln*RDPn* 的系数均不显著），可能的原因是外资企业，尤其是实力雄厚的大型跨国企业，对自身的研发能力和技术优势较为自信，因此仅会根据内资企业在市场上已经推出的新产品来调整自身的研发战略，较少理会后者的研发活动。再观察 ln*FDI* 的系数，发现其显著为正，说明外资进入当地市场的强度越大，外资企业的新产品销售收入越多，这是很好解释的：外资进入强度衡量的是外资企业产值占制造业总产值的比重，该值越大，说明外资企业的市场占用率就越大，相应的其新产品销售收入就越多。ln*EXP* 的系数为正，但不显著，说明外资企业的出口率对其自身的技术创新活动也无显著影响。

3. 小结

本节以中国制造业和外资企业 2009—2013 年 25 个行业为样本，运用交互模型，定量估算了外资进入强度对中国制造业技术创新的影响，得到如下结论：（1）在以新产品销售收入为被解释变量时，内资企业和外资企业的技术创新模式存在显著差异。对于 R&D 资本投入和 R&D 人员投入而言，在内资企业中，只有 R&D 资本投入对技术创新具有显著促进作用，而在外资企业中，只有 R&D 人员投入对技术创新具有显著促进作用。这一结果表明在内资企业中，R&D 研发人员投入的效率较低。外资企业出现这一结果则是由其研发活动的区位分工决定的：外资企业的核心研发往往在其总部进行，分（子）公司只承接生产工艺和产品当地化的技术调整与改良部分，而密切关注本地市场动向的研发人员队伍对其本地化生存与竞争至关重要。（2）内资企业和外资企业的新产品销售收入之间存在相互促进作用，这说

① 蒋殿春，夏良克．外商直接投入对中国高技术产业技术创新作用的经验分析［J］．世界经济，2005（8）：3－10.

明两者之间存在激烈的竞争。一般而言，虽然外资企业在技术上领先于内资企业，但由于创新成本较高，其领先幅度不会太大，只有当内资企业研发出更多新产品的时候，外资企业才会继续在技术创新上发力。（3）外资企业的进入引发的竞争加剧并没有激发内资企业的技术创新动力，反而因侵占后者的市场份额而打击了它们的创新积极性。（4）外资企业的进入所带来的正的技术溢出效应主要体现为示范效应，内资企业作为技术追随者可以从外资企业在国内的研发活动中受益，从而提高了自身的技术创新能力。（5）外资企业的出口率对内、外资企业的技术创新均无显著影响。（6）内资企业的研发活动对外资企业也无显著影响，这说明外资企业对其自身的研发实力比较自信，内资企业的研发活动对其构成的威胁较小。

三、FDI 规模与技术创新：基于面板数据的再检验

上一节运用 FDI 的相对量指标，即 FDI 进入强度（外资企业制造业产值占制造业总产值的比重）对内资企业技术创新的影响，发现 FDI 引发的竞争加剧并没有激发内资企业的技术创新动力，反而因侵占后者的市场份额而打击了它们的创新积极性，其正的技术溢出效应主要体现为示范效应。本节运用 FDI 的绝对量指标，进一步估算制造业中外资的进入对整个行业及内资企业技术创新的影响。之所以要运用 FDI 的绝对指标进行再检验，是因为基于以下两点考虑：第一，前文中已经提及，中国制造业中无论是从制造业总产值来衡量，还是从制造业新产品销售收入来衡量，外资企业的比重都达到了 25% 左右，个别行业中外资企业的占比甚至高达 70%；外资如此高的占比无疑会对整个制造业和内资企业的技术创新产生影响。上一节构造制造业和外资企业的交互影响模型是建立在一定的理论基础和现实基础之上的，如果在另一个理论模型中也能得到相似或相同的结论，那么就可以进一步证实上一节的观点。第二，上一节运用的是 FDI 相对量指标，结果发现这一指标本身对内资企业技术创新的影响为负，但这并不意味着 FDI 绝对量指标对整个制造业或内资企业也一定具有负向影响①，本节将继续证实这一问题。

① 邓路. 基于技术创新视角的高技术产业发展战略研究［D］. 南开大学，2010. 邓路（2010）的论文中也有过类似的观点.

此外，在上一节中，重点考察FDI进入强度以及外资企业的出口率指标对内资企业技术创新的影响，并没有将内资企业自身的出口指标考虑在内，而中国制造业产品的出口率并不低，如图3-2所示，计算机、通信和其他电子设备制造业出口导向程度超过了60%，文教体育用品制造业的出口导向程度超过了40%，皮革、毛皮、羽毛（绒）及其制品业，家具制造业，纺织服装、鞋、帽制造业的出口导向均接近30%，且制造业各行业出口导向均值约为15%，这些数据说明制造业中出口导向较为明显，而出口很有可能会给内资企业带来“学习效应”和“规模经济效应”，从而促进其技术创新能力的提升，因此，本节的分析将该因素也考虑在内。

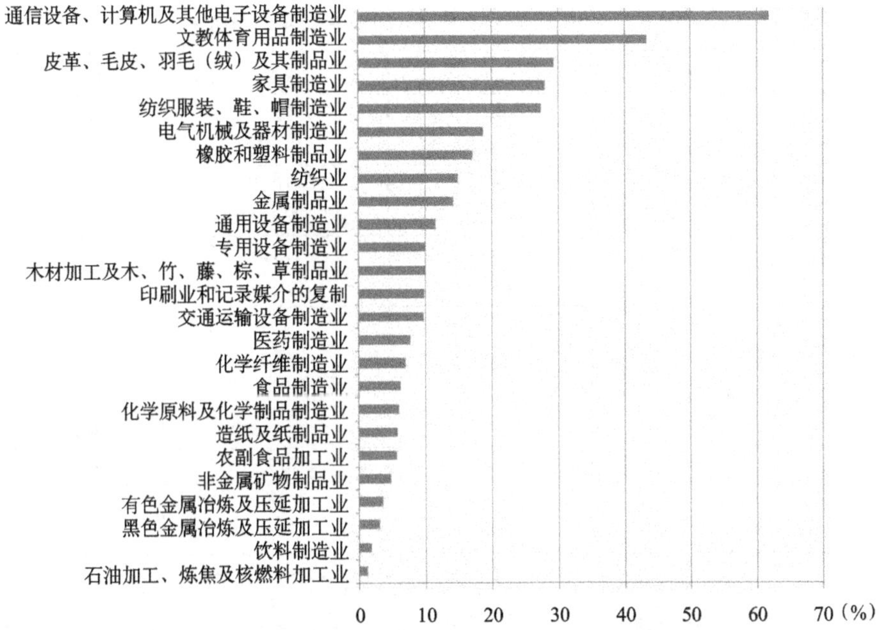

图3-2　制造业各行业的出口导向程度（2009—2013年的均值）

资料来源：2010—2014年《中国工业统计年鉴》。

1. 模型、变量设定及计量结果

本节模型的构建过程和前文基本差不多，故在此不再赘述模型的构建过程，根据本节的研究需要，本节的模型为：

$$\ln Y_{it}=\alpha_0+\alpha_1\ln RD_{it}+\alpha_2\ln RDP_{it}+\alpha_3\ln FDI_{it}+\alpha_4\ln EXPORT_{it}+\varepsilon_{it}\quad(3.11)$$

式中，Y_{it}表示新产品销售收入；RD_{it}表示研发资本投入；RDP_{it}表示研发人员投入；FDI_{it}表示制造业中外商投资额，用外资企业制造业总产值来衡量；$EXPORT_{it}$表示出口量，用出口交货值来衡量。

在数据处理方面，RD_{it}的处理方法仍然和前文一致，RDP_{it}用研发人员全时当量（单位：人年）来衡量，FDI_{it}和$EXPORT_{it}$则均用工业品出厂价格指数进行平减。

与前文类似，本节用面板数据进行分析时，主要通过 Hausman 检验来选择运用固定效应模型还是随机效应模型。制造业整体的回归结果和内资企业制造业回归结果如表 3－7 和表 3－8 所示：

表 3－7　FDI 溢出与制造业技术创新：制造业整体回归结果

	模型 1	模型 2	模型 3	模型 4
C	5.163*** (13.554)	4.903*** (8.453)	5.405*** (12.022)	5.267*** (9.591)
ln*RD*	0.486*** (7.681)	0.401*** (4.908)	0.515*** (7.579)	0.497*** (6.201)
ln*RDP*	0.405*** (5.577)	0.345*** (4.033)	0.126 (1.292)	0.124 (1.271)
ln*FDI*		0.122* (1.838)		0.029 (0.442)
ln*EXPORT*			0.304*** (4.386)	0.293*** (3.924)
Adj－R^2	0.902	0.988	0.99	0.99
H 值	1.311	10.466	8.993	12.149
适用模型	RE	FE	FE	FE

注：***、**、* 分别表示变量在 1%、5% 和 10% 的水平上显著。括号中的数字表示 *t* 值。FE 和 RE 分别表示固定效应和随机效应。后文所有表格中出现与此表相同的表达方式，除特别说明外，含义都与此表相同。*H* 值表示随机效应和固定效应检验的 Hausman 值。

表 3－8　FDI 溢出与制造业技术创新：制造业内资企业回归结果

	模型 1	模型 2	模型 3	模型 4
C	7.089*** (9.787)	3.670* (1.886)	4.393*** (6.399)	3.760* (1.927)
ln*RD*	0.721*** (3.779)	0.645*** (3.349)	0.584*** (5.263)	0.655*** (3.391)

续表

	模型 1	模型 2	模型 3	模型 4
ln*RDP*	-0.117 (-0.461)	-0.339 (-1.225)	0.154 (1.047)	-0.398 (-1.396)
ln*FDI*		0.384 (1.589)		0.318 (0.469)
ln*EXPORT*			0.123** (2.164)	0.096 (0.874)
Adj - R^2	0.942	0.943	0.837	0.955
H 值	9.447	13.246	19.781	21.751
适用模型	FE	FE	FE	FE

注：***、**、* 分别表示变量在1%、5%和10%的水平上显著。括号中的数字表示 t 值。FE 和 RE 分别表示固定效应和随机效应。后文所有表格中出现与此表相同的表达方式，除特别说明外，含义都与此表相同。H 值表示随机效应和固定效应检验的 Hausman 值。

对比表 3-7 和表 3-8 的回归结果可知，对制造业整体而言，研发资本投入和研发人员投入对技术创新的影响均显著为正，且两者的弹性系数几乎差不多，表明从总体上说，两者对制造业技术创新发挥着几乎同等重要的作用。而在内资企业的回归结果中，研发资本投入的弹性系数显著为正，而研发人员投入的弹性系数时而为正、时而为负，且都不显著，这一结果和上一节内资企业的回归结果是一致的，同样说明在内资企业中研发人员投入是低效的。

FDI 对制造业总体的技术创新具有显著的促进作用，但对内资企业技术创新的影响却并不显著，这说明制造业内 FDI 的正向溢出效应主要表现在外资企业内部。相反，外资企业的进入无疑侵占了内资企业的市场空间，降低了后者进行技术创新活动的动力和边际收益，从竞争角度看不利于提升内资企业技术创新能力。另外，由于国内制造业技术创新水平离国外制造业（或者说外资企业）技术水平还有很大差距，外资进入国内市场对内资企业造成竞争压力较大的同时，对后者形成的示范效应也非常有限。

出口对制造业总体、制造业、国有及国有控股企业的技术创新也具有显著的促进作用。这说明制造业通过出口带来的“学习效应”和“规模经济效应”促进了该产业技术创新能力的提升。

四、行业特征、FDI 溢出效应与技术创新

上面两节的回归结果显示，FDI 对制造业内资和外资企业技术溢出效应存在显著的异质性。中国制造业中外资的进入客观上促进了该行业技术创新能力的提升，但其正向技术溢出效应主要集中在外资企业，对内资企业的技术溢出效应则不显著。然而，这只是说 FDI 对制造业整体的技术溢出作用不显著，并不一定意味着 FDI 对制造业每一个行业的技术溢出作用都不显著。对此，本书的疑问在于：FDI 对制造业中每一个行业的技术溢出效应是否都不显著？或者 FDI 对内资企业中每一个行业的技术溢出效应是否存在异质性？如果存在，是什么原因造成了异质性技术溢出效应的产生？本节的分析将揭晓这些问题的答案。

1. 模型设定及变量处理

本节模型的构建过程和上一节的基本相同，因此，在此不再赘述模型的构建过程。由于本节重点研究 FDI 对内资企业中每个行业的技术创新的影响，因此本节的模型设定为：

$$\ln Y_{it} = \alpha_0 + \alpha_1 \ln RD_{it} + \alpha_2 \ln RDP_{it} + \alpha_3 \ln FDI_{it} + \varepsilon_{it} \quad (3.12)$$

式中，Y_{it} 表示制造业新产品销售收入；RD_{it} 表示内资企业研发资本投入；RDP_{it} 表示研发人员投入；FDI_{it} 表示制造业内外商投资额，用外资企业制造业总产值来衡量；$EXPORT_{it}$ 表示出口量，仍和上文一样用出口交货值来衡量。

在数据处理方面，RD_{it} 的处理方法仍然和上文一致，采用永续盘存法对其存量进行估算。RDP_{it} 用研发人员全时当量（人年）来衡量，FDI_{it} 用工业品出厂价格指数进行平减。

本节相关数据来源于《工业企业科技活动统计年鉴》(2010—2014) 以及《中国统计年鉴》(2010—2014)。

通过计量回归，得到的结果如表 3－9 所示：

从表 3－9 可以看出，FDI 对内资企业不同行业的技术创新存在不同的影响。在制造业 25 个行业中，FDI 对其中 9 个行业的技术创新具有显著的促进作用，对其中 3 个行业的技术创新具有显著的抑制作用。FDI 促进了其

表 3-9 FDI 对制造业的技术溢出效应：不同行业的检验

变量	系数	标准误	t 值	概率
C	3.609	2.162	1.669	0.098
ln*RD*	0.656***	0.192	3.410	0.001
ln*RDP*	-0.293	0.275	-1.064	0.290
ln*Export*	0.235***	0.075	3.145	0.003
ln*FDI*				
农副食品加工业	0.324	0.197	1.648	0.104
食品制造业	-0.003	0.147	-0.019	0.985
饮料制造业	0.462**	0.187	2.475	0.016
纺织业	0.100	0.129	0.772	0.442
纺织服装、鞋、帽制造业	-0.017	0.106	-0.162	0.872
皮革、毛皮、羽毛（绒）及其制品业	-0.097	0.214	-0.453	0.652
木材加工及木、竹、藤、棕、草制品业	-0.449***	0.164	-2.735	0.008
家具制造业	-0.509*	0.267	-1.910	0.060
造纸及纸制品业	0.325*	0.166	1.963	0.054
印刷业和记录媒介的复制	0.142*	0.078	1.810	0.074
文教体育用品制造业	0.540**	0.162	3.331	0.001
石油加工、炼焦及核燃料加工业	1.009	0.830	1.216	0.228
化学原料及化学制品制造业	0.196**	0.072	2.709	0.008
医药制造业	0.077	0.084	0.916	0.363
化学纤维制造业	0.444	0.333	1.332	0.187
橡胶和塑料制品业	0.224**	0.091	2.465	0.016
非金属矿物制品业	0.068	0.114	0.596	0.553
黑色金属冶炼及压延加工业	-0.073	0.077	-0.948	0.346
有色金属冶炼及压延加工业	0.300	0.388	0.773	0.442
金属制品业	0.188*	0.108	1.743	0.086
通用设备制造业	0.065	0.090	0.725	0.471
专用设备制造业	0.141*	0.077	1.841	0.070
交通运输设备制造业	0.726	2.488	0.292	0.771
电气机械及器材制造业	-2.653**	0.997	-2.662	0.010
通信设备、计算机及其他电子设备制造业	0.343**	0.145	2.359	0.021
Adj-R^2	0.953			
F 值	923.022			
PROP（F-Statistic）	0.000			

注：***、**、* 分别表示变量在 1%、5% 和 10% 的水平上显著。括号中的数字表示 *t* 值。FE 和 RE 分别表示固定效应和随机效应。后文所有表格中出现与此表相同的表达方式，除特别说明外，含义都与此表相同。

技术创新能力提升的9个行业分别为：文教体育用品制造业，饮料制造业，计算机、通信设备和其他电子设备制造业，造纸及纸制品业，橡胶和塑料制造业，化学原料及化学制品制造业，金属制品业，印刷业和记录媒介复制业以及专用设备制造业。FDI抑制了其技术创新能力的3个行业为：木材加工及木、竹、藤、棕、草制品业，家具制造业和电气机械及器材制造业。该结果表明的，FDI对内资企业不同行业的技术创新产生了不同的技术溢出效应，对某些行业确实产生了显著的正向技术溢出，在另一些行业中不仅没有正向溢出效应，反而产生了负向抑制效应。这一现象不免使人产生疑问：是什么原因导致了FDI异质性溢出效应的产生呢？影响FDI异质性技术溢出效应的行业特征又是什么？

2. 行业特征、FDI溢出效应与内资企业技术创新

目前，理论界对行业特征的划分并没有统一的分析框架，学者们根据各自的研究需要对行业特征进行了不同的划分。邓路（2010）从平均规模大小、内外资企业生产率差距、R&D强度差距、外资导向程度等方面对制造业各行业进行了划分。张诚和蒙大斌（2012）在分析不同行业全要素生产率增长差异时，从国有经济比重、市场结构、隐性知识含量等方面对不同行业进行划分。文豪、张敬霞和陈中峰（2014）等在分析知识产权保护与技术创新的关系时，则基于行业的技术特征（如技术复杂度、技术差距）和市场特征（如市场规模、市场结构）对工业行业进行划分。

本节把考察重点放在以下三个方面：第一，内资企业各行业特征：包括各行业平均规模、消化吸收能力和研发投入强度。第二，市场结构，本研究将用内外资企业规模差异、外资企业数量比重和市场集中度三个指标来衡量市场结构。第三，对外开放程度，本节将用行业出口占比、行业外资依存度、内资企业出口依存度以及外资企业出口依存度四个指标来衡量对外开放程度。

在研究方法上，为了确定不同因素对FDI外溢效应影响作用的大小，本书在上述检验模型的基础上引入虚拟变量，使得：第一组，D = 0；第二组，D = 1。因此，上述检验模型就变为如下形式：

$$\ln Y_{it} = \alpha_0 + \alpha_1 \ln RD_{it} + \alpha_2 \ln RDP_{it} + \alpha_3 \ln FDI_{it} + \alpha_4 D\ln FDI_{it} + \varepsilon_{it} \tag{3.13}$$

根据虚拟变量 D 取值的不同，模型（1）可以有如下两种形式：

$$\ln Y_{it} = \alpha_0 + \alpha_1 \ln RD_{it} + \alpha_2 \ln RDP_{it} + \alpha_3 \ln FDI_{it} + \varepsilon_{it} \tag{3.14}$$

$$\ln Y_{it} = \alpha_0 + \alpha_1 \ln RD_{it} + \alpha_2 \ln RDP_{it} + (\alpha_3 + \alpha_4) \ln FDI_{it} + \varepsilon_{it} \tag{3.15}$$

如（3.14）式和（3.15）式所示，影响因素较小的一组中，FDI 的技术溢出系数为 α_3，而影响因素较大的一组中，技术外溢的系数为（$\alpha_3 + \alpha_4$）。此时可以通过检验 FDI 的系数 α_3 与（$\alpha_3 + \alpha_4$）是否发生显著变化来确定两组数据中 FDI 技术外溢作用是否相同，进而来确定分组所依据的指标是否会对 FDI 外溢效应产生显著的影响。进一步，通过对（3.13）式的回归，判断虚拟变量所在项的估计系数 α_4 是否显著来确定有关因素是否会对 FDI 技术外溢作用的发挥产生显著的影响。如果 α_4 显著非零，即可以认为分组所依据的指标会对 FDI 技术外溢作用的发挥产生显著的影响，其中两组中的技术外溢程度分别为 α_3 和（$\alpha_3 + \alpha_4$）；否则，表明两组中 FDI 技术外溢效应的发挥并不存在显著的差异，并可以认定分组所依据的指标对 FDI 技术外溢效应的发挥没有显著的影响。

本节接下来分别基于内资企业各行业特征、市场结构以及对外开放程度对制造业 25 个行业进行分组，分析这些指标是否对 FDI 技术外溢效应产生了影响。

（1）内资企业各行业特征与 FDI 技术溢出效应

本书重点分析各行业平均规模、消化吸收能力和 R&D 投入强度这三个行业特征对 FDI 技术外溢效应的影响。邓路（2010）研究发现，FDI 技术溢出效应在规模较大的行业中更为显著。国内部门对技术的消化吸收能力对 FDI 技术外溢也会产生较大影响。Kokko（1994）① 发现东道国企业对“学习活动”投资越大，越能够从跨国公司的溢出效应中吸收先进的技术。Verspagen（1996）指出，发展中国家技术水平能否收敛于发达国家的水平，取决于东道国自身的技术能力能否有效地吸收发达国家的技术。同样，R&D 投入强度也有可能是影响 FDI 技术外溢效应的因素之一。

基于此，本研究也从这三方面展开。其中，各行业的平均规模用各行业总产值与企业个数之比来衡量，D = 0 表示平均规模相对较小，D = 1 表示

① KOKKO A. Technology, market characteristics and spillovers [J]. Journal of development economics, 1994, 43 (2): 279 - 293.

平均规模相对较大。消化吸收能力则用各行业消化吸收经费支出占各行业技术获取和改造经费之比来表示，D=0 表示消化吸收能力较弱，D=1 表示消化吸收能力较强。R&D 投入强度则用 R&D 内部经费支出占总产值的比重来表示，D=0 表示 R&D 投入强度较小，D=1 表示 R&D 投入强度较大。数据处理好之后，用 Eviews 7.0 进行回归，得到的结果如表 3-10 所示。

表 3-10　　内资企业行业特征与外资技术溢出效应

变量	平均规模	消化吸收能力	R&D 投入强度
C	3.441 (1.561)	3.156 (1.401)	2.486 (1.108)
ln*RD*	0.677*** (3.483)	0.650*** (3.358)	0.655*** (3.435)
ln*RDP*	-0.394 (-1.371)	-0.343 (-1.225)	-0.465 (-1.607)
ln*FDI*	0.476* (1.993)	0.394* (1.789)	0.639** (2.366)
D * ln*FDI*	-0.136 (-0.787)	0.048** (2.279)	-0.269* (-1.883)
Adj - R^2	0.944	0.943	0.944
H 值	12.504	12.020	8.695
适用模型	FE	FE	FE

注：***、**、* 分别表示变量在 1%、5% 和 10% 的水平上显著。括号中的数字表示 t 值。FE 和 RE 分别表示固定效应和随机效应。后文所有表格中出现与此表相同的表达方式，除特别说明外，含义都与此表相同。*H* 值表示随机效应和固定效应检验的 Hausman 值。

从上表 3-10 可以看出，内资企业平均规模的差异对 FDI 技术溢出效应并不会产生显著影响。在平均规模较小组中，FDI 技术外溢的系数为 0.476，且在 5% 水平上显著；而在平均规模较大组中，FDI 技术外溢的系数下降到 0.340，但并不显著。同时，从表中还可以得知，内资企业各行业消化吸收能力的差异会显著影响 FDI 技术外溢效应。在消化吸收能力较弱组中，FDI 技术外溢系数为 0.394，在消化吸收能力较强组中，这一值上升至 0.442。这说明内资企业消化吸收经费投入越多，越有利于提升 FDI 技术外溢的效果。整体上看，R&D 投入强度与 FDI 的技术外溢效应呈负相关关系。在 R&D 投入强度较小的行业，FDI 的技术外溢系数为 0.639，而在 R&D 投入强度较大的行业中，这一值降为0.370。这表明内资企业中行业更新发展速度过快并不利于吸收FDI带来的技术外溢效应。

（2）各行业的市场结构因素与FDI技术溢出效应

行业本身的市场结构状况也可能会对FDI的技术外溢效应产生影响。部分学者认为，外资的进入会导致国内市场竞争程度的增加，因此会激发国内部门的技术改造与创新活动。本书认为，外资企业的进入虽然可以激发内资企业的活力，但如果竞争程度太过激烈，则会让内资企业陷入生存危机，以至于其无力将更多的资源投入到周期较长、风险相对较大的技术创新上，导致FDI技术溢出效果大打折扣。

为了分析市场结构变化对FDI技术外溢效应的影响，本书分别用内外资企业规模差异、行业集中度以及外资企业数量占比三个指标进行分析。本书用内资企业的平均产值同外资企业的平均产值之比作为内外资企业规模差异的指标；而在衡量行业集中度指标时，由于缺乏行业内领先企业的详细资料，无法准确计算各行业的市场集中度，本书选择制造业各行业中大型企业产值占各行业总产值的比重作为近似指标；同时用外资企业个数占各行全部企业个数来衡量外资企业数量比重。

其中，在内外资企业规模差异指标中，D=0表示内外资企业规模差异较小的行业组，D=1表示内外资企业规模差异较大的行业组；在行业集中度指标中，D=0表示行业集中度较小的行业组，D=1表示行业集中度较大的行业组；在外资企业个数占比这一指标中，D=0表示外资企业个数占比较少的行业组，D=1表示外资企业个数占比较多的行业组。在此基础上，得到如下回归结果，见表3-11。

表3-11　　行业市场结构与FDI技术溢出效应

	内外资企业规模差异	行业集中度	外资企业个数占比
C	3.194 (1.443)	4.038 (1.779)	3.221 (1.452)
ln*RD*	0.635*** (3.183)	0.694*** (3.575)	0.650*** (3.353)
ln*RDP*	-0.312 (-1.082)	-0.394 (-1.400)	-0.343 (-1.225)

续表

	内外资企业规模差异	行业集中度	外资企业个数占比
ln*FDI*	0.367* (1.779)	0.460** (2.064)	0.392* (1.778)
D×ln*FDI*	-0.068** (2.405)	-0.231* (-1.828)	0.042 (0.254)
Adj-R^2	0.943	0.944	0.943
H 值	12.431	13.067	12.692
适用模型	FE	FE	FE

注：***、**、* 分别表示变量在1%、5%和10%的水平上显著。括号中的数字表示 t 值。FE 和 RE 分别表示固定效应和随机效应。后文所有表格中出现与此表相同的表达方式，除特别说明外，含义都与此表相同。*H* 值表示随机效应和固定效应检验的 Hausman 值。

从表3-11可以看出，在内外资企业规模差异较小的行业中，FDI技术外溢系数为0.367，而在内外资企业规模差异较大的行业中，这一值降为0.299，这说明内外资企业规模差异太大会减弱FDI技术溢出的效果。结果还表明，在行业集中度较低的行业中，FDI的技术外溢系数为0.460，而在行业集中度较高的行业中，这一值降为0.229。这说明在市场竞争程度越强的行业中，FDI的技术外溢效果越明显。再从外资企业个数占比这一指标来看，在外资企业个数占比较少的行业中，FDI的技术溢出系数为0.392，而在外资企业个数占比较大的行业中，这一值为0.434，但并不显著，这说明各行业中外资企业个数占比的多少对FDI技术溢出效应的影响并不显著①。

(3) 行业对外开放程度与FDI技术溢出效应

行业的对外开放程度同样也会影响FDI的技术溢出效应。一般而言，在对外开放程度高的行业中，外资的准入门槛较低；如果东道国的这些行业自身较为弱小，那么当其面对跨国公司强有力的冲击时，很有可能根本无法实现有效地资本和技术积累，进而也无法进行技术创新，此时东道国企业从跨国公司获得的技术溢出是极为有限的。另外，如果某个行业外资企业以外向型经济为主，那么他与东道国的经济联系也会相应减少，此种情

① 这是比较好理解的，在一个行业内，外资企业规模占比多并不代表外资本身占比就多，因为企业规模有大有小；同样，外资企业个数占比少也并不代表外资本身进入就少。因此，造成了这一指标对FDI技术溢出效应的影响并不显著。

况下东道国企业同样不能较好地吸收 FDI 的技术溢出。

鉴于此，本书分别从行业的外资依存度、行业出口占比以及内外资企业的出口占比四个方面分析其对 FDI 技术溢出效果的影响。这四个指标分别用行业外资企业的总产值占行业总产值的比例、行业出口额占行业总产值的比例、内资企业出口额占内资企业总产值的比例、外资企业出口额占外资企业总产值的比例来衡量。在虚拟变量的设置方面，对于行业外资依存度指标，D = 0 表示行业外资依存度较低的行业组，D = 1 表示行业依存度较高的行业组；对于出口占比指标，D = 0 表示出口占比较低的行业组；D = 1 表示出口占比较高的行业组。

表 3 – 12　　行业对外开放程度与 FDI 技术溢出效应

	行业外资依存度	行业出口占比	内资企业出口占比	外资企业出口占比
C	2.979 (1.308)	3.282 (1.488)	3.390 (1.543)	3.288 (1.495)
ln*RD*	0.652 *** (3.381)	0.655 *** (3.391)	0.691 *** (3.521)	0.632 *** (3.229)
ln*RDP*	–0.362 (–1.279)	–0.339 (–1.207)	–0.416 (–1.427)	–0.285 (–0.976)
ln*FDI*	0.392 * (1.791)	0.405 * (1.757)	0.349 (1.549)	0.448 * (1.949)
D × ln*FDI*	0.089 ** (2.527)	–0.012 (–0.074)	0.151 * (1.897)	–0.119 * (–1.878)
Adj – R^2	0.943	0.943	0.944	0.943
H 值	13.064	12.241	14.756	13.661
适用模型	FE	FE	FE	FE

注：***、**、* 分别表示变量在 1%、5% 和 10% 的水平上显著。括号中的数字表示 *t* 值。FE 和 RE 分别表示固定效应和随机效应。后文所有表格中出现与此表相同的表达方式，除特别说明外，含义都与此表相同。*H* 值表示随机效应和固定效应检验的 Hausman 值。

从表 3 – 12 可知，外资依存度越高的行业 FDI 技术溢出的效应越大。在外资依存度较低的行业，FDI 的技术溢出系数为 0.392，而在外资依存度较高的行业，这一值上升至 0.481。这说明 FDI 流入较多的行业，其带来的正向技术溢出效应往往更明显。上表还显示，FDI 的技术溢出效应并不会随行业整体出口占比的上升而上升。在出口占比较小的行业组，FDI 的技术溢出系数为0.405，而在出口占比较大的行业组，这一值不升反降至0.393，但并不显著。从内资企业的回归结果来看，随着内资企业出口占比的上升，FDI技术外溢效应明显上升，其系数由0.349上升至0.500。其原因是内资企业通过出口带来的“学习效应”和开拓海外市场带来的“规模经济效应”两个渠道提高了技术创新能力，其在出口过程中通过与外资企业的竞争和相互学习提高了自身技术创新能力。此外，与本书预想的相同，FDI的技术溢出效果会随着外资企业出口占比的上升而减弱。在外资企业出口占比较小的行业中，FDI的正向技术效果为0.448，而这一值在外企企业出口占比较大的行业中下降至0.329。这说明如果外资企业进入国内的目的不在于抢占市场，而在于利用国内丰富的物质及人力资源时，就会因为其与内资企业的互动相对较少，或者说对内资企业造成的竞争相对较小，从而导致其技术外溢效果得不到有效发挥。

3. 小结

本节主要分析了FDI对内资企业不同行业技术创新的影响，并发现行业特征与FDI异质性溢出效应存在密切的关系。通过实证研究，本节主要得到以下结论：第一，不同行业中FDI的技术外溢效应存在较大差别。FDI的流入对制造业中一部分行业产生了正向技术溢出，但也对一些行业并没有产生较好的技术溢出效果，甚至出现了负的技术溢出效应。第二，从影响FDI技术溢出效应的内资企业的行业特征来看，FDI技术溢出效应与内资企业的平均规模没有显著关系；而内资企业的消化吸收能力越强，FDI技术外溢效应就越明显；其次，R&D投入强度越大的行业反而对FDI技术溢出效应的吸收比较少。第三，从影响FDI技术溢出效应的市场结构来看，内外资企业规模差异太大不利于吸收FDI的技术溢出效应；较行业集中度较大的行业而言，行业集中度较小的行业即市场竞争程度越强的行业中，FDI的技术外溢效应越明显；而制造业中外资企业个数占比对FDI技术溢出效应的影响并不显著。第四，从影响FDI技术溢出的行业对外开放程度来看，外资依存度越高的行业FDI技术溢出的效应越大。FDI技术溢出效应会随着内资企业出口占比的上升而增强，这可能是由于内资企业通过出口带来了学习效益和规模经济效应，从而使自身的技术创新能力得到了提高。然而，FDI带来的技术外溢效应则会随着外资企业出口占比的上升而减弱，这说明“两头在外”[①] 的加工贸易型外资企业对内资企业产生的技术溢出效应是比较有限的。

基于以上结论，本书认为，中国制造业在引进外资的过程中，不应该过分注重外资的规模和数量，而应该对引进外资进行科学管理和规范运营，以促进其对中国的制造业产生正向技术溢出效应。同时，制造业也应该不断学习和吸收外资企业的先进技术和管理经验，加大消化吸收投入力度，从而使外资企业的技术溢出效应得到更好的发挥。

第三节　行业维度制造业技术创新影响因素的理论总结

一、理论总结

本章基于行业维度，提供了一个分析中国制造业技术创新影响因素的理论框架。本书认为，内资企业在进行技术创新的过程中，除了受自身 R&D 投入的影响之外，也会受到整个行业内的 R&D 投入以及外资进入的影响。

在这一逻辑框架下，本章首先分析了自身 R&D 投入和行业 R&D 溢出对制造业内资企业技术创新的影响，结论认为内资企业研发资本和研发人员投入对其技术创新能力的提升均具有明显促进作用。制造业各行业的国内技术购买、技术引进对内资企业技术创新的促进作用不显著甚至为负。接着，本章重点考察 FDI 对制造业技术创新的影响。在研究这一问题时，分别采用了 FDI 进入强度和 FDI 绝对值两个指标来衡量，以检验基于不同指标的回归是否能得出一致的结论。实证表明，确实得出了较为一致的结果，那便是随着 FDI 的进入强度及规模的扩大，其对中国制造业整体技术创新能力产生了显著的正向溢出影响。然而，这种技术溢出仅表现在制造业外资企

---

① “两头在外”指的是外资企业仅在东道国进行生产，而将原料进口、销售出口这两头放在国际市场上进行。

业内部，对内资企业的影响并不显著，即FDI在制造业内、外资企业中存在异质性技术溢出效应。最后，本书结合制造业各行业的特征，进一步考察FDI的技术溢出效应。结论发现，内资企业各行业的行业集中度、对外开放程度、消化吸收能力等都会影响FDI对制造业产生技术溢出效应的大小。

二、本章主要结论

第一，内资企业自身R&D资本投入和R&D人员投入对其技术创新产出具有基础性的促进作用，且在中国目前阶段，R&D资本投入的产出弹性要大于R&D人员投入的产出弹性。内资企业自身的R&D投入与制造业行业总体国内技术购买、技术引进存在显著的互补关系，而与外资企业的研发活动并无显著替代关系。制造业外资企业在进行本土化研发活动时，与内资企业存在激烈的市场竞争关系，这种竞争客观上促进了内资企业进行研发投入的针对性，进而提升了其技术创新能力和效率。本书认为，进一步增加制造业研发投入，特别是研发资本的投入水平是中国制造业提高技术创新能力，获得国际竞争力的根本途径。

第二，制造业内资企业和外资企业的技术创新模式存在显著差异。在内资企业中，研发人员投入效率较低，R&D资本投入对技术创新的促进作用更强；而在外资企业中，R&D人员投入对技术创新的促进作用更强，R&D资本投入对技术创新的促进作用并不明显。外资企业的创新模式与其创新的区位分工有关，外资企业的核心研发往往在其总部进行，分（子）公司只承接生产工艺和产品当地化的技术调整与改良部分，而密切关注本地市场动向的研发人员队伍对其本地化生存与竞争至关重要。外资企业的进入侵占了内资企业的市场份额，打击了内资企业进行技术创新的积极性；而内资企业的研发活动对外资企业构成的威胁较小。

第三，FDI对中国制造业表现出“双重异质性技术溢出效应”，一方面，FDI在中国制造业内外资企业中存在异质性技术溢出效应。外资的进入促进了制造业整体技术创新能力的提高，但其正向技术溢出效应主要集中在外资企业内部，对制造业内资企业技术创新产生的正向技术溢出效应并不显著。另一方面，FDI在制造业内资企业中的不同行业中也同样存在异质性的技术溢出效应，而行业特征差异性是造成这种异质性技术溢出效应的主要原因。研究发现，FDI 技术溢出效应的大小与内资企业的平均规模没有显著关系，而在消化吸收能力越强、市场竞争程度越大、外资依存度越高的行业中，FDI 的技术外溢效应越明显。然而，FDI 带来的技术外溢效应会随着外资企业出口占比的上升而减弱，这说明“两头在外”的加工贸易型外资企业对内资企业产生的技术溢出效应比较有限。

第四章

区域维度制造业技术创新的影响因素分析

第五章主要是基于区域维度分析中国制造业技术创新的影响因素。第一节介绍了区域技术创新系统的相关理论，并在此基础上构建了本章的分析框架。该理论认为，企业、政府、科研结构、金融机构、跨国企业等是区域创新系统中最重要的元素。基于此，本书认为在分析区域技术创新问题时，应通过一些指标的构建来反映这些元素对技术创新的影响。因此，本章选取了 R&D、R&D 空间溢出、制度环境（包括金融支持制度）、FDI 及出口等指标分别用以考察本地企业、其他地区企业和科研机构、政府（金融机构）及跨国公司对区域制造业技术创新的影响。在这个基础上，第二节基于区域维度对制造业技术创新影响因素进行了实证分析。本节首先运用空间计量模型分析了 R&D、空间 R&D 溢出对制造业技术创新的影响；接着分别基于综合制度视角和各项制度相互协调的视角，分析了包括市场化、产业结构、金融深化及知识产权保护等制度变量对区域制造业技术创新的影响；随后，基于不同的区域特征分析 FDI 和出口对技术创新的影响，同时考察了综合制度及各项制度变量对 FDI 技术溢出效应的影响。第三节是本章的总结。

第一节 中国制造业区域技术创新影响因素的理论分析

一、区域技术创新的概念及渊源

全球化进程日益加快，中国经济转型的加速推进给中国制造业的发展带来了严峻的挑战。为了获得竞争优势，这些地区迫切需要区域技术创新。区域创新的发展是国家创新体系的重要组成部分和动力来源，是地方政府推动本地经济发展水平的重要框架，也是促进国家经济发展的重要手段。

20世纪80年代，学者们开始对国家创新系统进行研究，到了90年代，区域技术创新系统的研究也开始兴起。1992年，英国学者Philip Nicholas Cooke最早提出了区域创新系统（Regional Innovation System）这一概念并对其进行了定义，他认为区域创新系统主要是由在地理上既相互分工又相互关联的生产企业、科研机构和高校等构成的区域性组织体系，这种体系支持且产生创新。Asheim和Isaksen（2002）① 则认为，区域创新政策的大量涌现，以及全球范围内区域产业集群或产业竞争活跃区域的出现促使“区域技术创新”这一概念的兴起。Autio（1998）指出，区域创新系统是基本的社会系统，由相互作用的子系统组成，子系统内部的互动产生了推动区域创新系统演化的知识流。Liu和White（2001）认为，对于像中国这样处于转型期的发展中国家而言，由于国家内部区域、行业的多样性以及彼此之间存在巨大差异，基于国家层面分析技术创新能力是不太合适的。因为技术创新能力的差异不仅表现在国与国之间，也体现在一个国家的不同地区之间（Evangelista等，2001；Acs等，2002）。

20世纪90年代末，国内学者也开始对区域技术创新系统进行研究。盖文启和王缉慈（1999）认为，在经济一体化和新技术革命的大背景下，区域持续不断的创新能力是区域保持竞争优势的关键保障。陈光和王永杰

---

① ASHEIM B T, ISAKSEN A. Regional innovation systems: the integration of local “sticky” and global “ubiquitous” knowledge [J] . The journal of technology transfer, 2002, 27 (1): 77 - 86.

（1999）指出，企业、研发部门（包括科研机构和高校中的研发部门）、政府部门以及中介机构等构成了区域技术创新系统的行为主体。各主体在新技术的创造、使用和扩散过程中发挥着不同的作用，它们各自的运行机制，以及相互之间的作用和结合方式则决定了区域技术创新系统的功能和效率。周亚庆和张方华（2001）认为，区域技术创新系统是国家技术创新系统的子系统和运行前提，是国家宏观技术创新发展和企业微观创新的纽带。胡小江（2009）认为，区域技术创新体系以制度基础和产业基础为支撑，包含技术创新主体、资源结构和经济要素结构三个维度，也是区域创新活动中的基础和核心的体系。

综合以上文献，本书认为区域技术创新是中观层次上的技术创新，既是国家宏观技术创新的基础和具体化，又是区域范围内企业微观技术创新的整合与集成。本书将区域技术创新定义为在一定的区域范围内，以加速区域经济增长与发展为目标，充分发挥企业、地方政府、高校与科研机构等区域创新行为主体的创新积极性，合理有效利用外资，有效组织与优化配置区域内外部创新资源，进行知识创新与技术创新，并将其转化为新产品、新工艺、新服务的能力。

二、区域技术创新系统的构成：文献及分析框架

区域技术创新系统的构成主体一直是学者们探讨的核心命题之一。Wiig（1995）认为区域技术创新系统中的创新主体包括以下五个部分：进行创新产品生产供应的生产企业群，进行创新知识与创新技术生产的研发机构，进行创新人才培养的教育机构，对创新活动进行金融、政策法规支持与约束的政府机构，以及为创新活动提供金融及其他商业服务的服务机构。前文提及，Cooke（1996）认为区域技术创新系统主要是由在地理上既相互分工又相互联系的生产企业、研发机构和高校等构成。Buesa 等（2006）则认为区域技术创新系统最重要的组成要素包括企业、公共管理部门、创新支持技术设施、区域及国家的创新环境。Asheim、Isaksen（2002）指出区域主导产业集群和区域制度基础机构，以及它们之间的互动构成了区域技术创新系统的主体。与 Asheim、Isaksen 持相似观点的还有 Kaufmann（1999，

2002)，他们认为五类要素构成了区域创新系统：区域企业网络、作为知识提供者的研发机构和大学、金融机构、培训机构及相关的服务机构。

国内学者对这一问题也进行了广泛探讨。陈光、王永杰（1999）指出，区域技术创新系统的主体包括企业、研发部门（包括科研机构和高校中的研发部门)、政府部门以及中介机构。梁洪波（2003）认为区域创新系统不仅包括企业、科研机构和高校，还包括政府；不仅包括技术创新，还包括组织创新、制度创新和管理创新。这与颜晓峰（2000）的观点不同，他认为创新的主体包括企业、科研机构、高校及中介机构，但不包括政府。因为政府在这一过程中仅制定相关的制度和政策，制度和政策虽然会影响创新的环境，但并不是创新体系的决定因素。黄鲁成（2000）将区域技术创新要素归纳为技术创新活动的行为主体（企业、高校和科研机构、政府、金融机构等)、行为主体之间的联系和运行机制以及技术创新环境等。

综合以上文献可知，学者们对区域技术创新主体的构成存在三种不同的观点。第一种观点认为企业家是创新的整体，因为企业家在创新产品的产生、企业创新的管理和创新成果市场化过程中起着绝对主导作用。第二种观点认为企业是创新的主体，因为即便有再好的创意，也需要通过企业生产并将其推入市场才能真正实现创新。第三种观点认为，区域技术创新的主体包括企业、研发机构、高校、政府及中介结构等组成的系统。本书的观点则是第二和第三种观点的综合。本书认为企业是区域技术创新的主体，因为企业是创新活动的实践者，为了追求利润最大化，企业在创新产品商品化过程中对市场信息和需求反应非常灵敏。然而，企业在区域技术创新过程中，也离不开研发机构、政府、金融机构等的支持。对中国现阶段的区域技术创新来说，企业是主体，政府是制度创新的主要制定者，而高校和科研机构则是中国技术创新的主要发源地，跨国企业是中国吸收技术外溢的主要来源。

此外，本书认为随着经济全球化和一体化趋势日益明显以及中国对外开放程度的不断提高，外资的进入无疑会对区域技术创新产生影响。因此，在研究区域技术创新问题时，早已不能局限在封闭的条件下进行，而应将区域经济对外开放程度因素考虑在其中。另外，中国不同地区的经济环境、制度环境也存在较大差异，这必然也会对区域技术创新能力产生一定影响。

理论上讲，经济发展水平更高的地区更有实力进行技术创新；且良好的区域创新环境可以更好地整合、优化区域创新资源，推动区域经济发展，提高区域经济的竞争力。因此，在研究区域技术创新时，应该将区域创新环境（包括经济环境、制度环境）纳入到考虑范围中。综上，区域技术创新系统构成如图 4 - 1 所示：

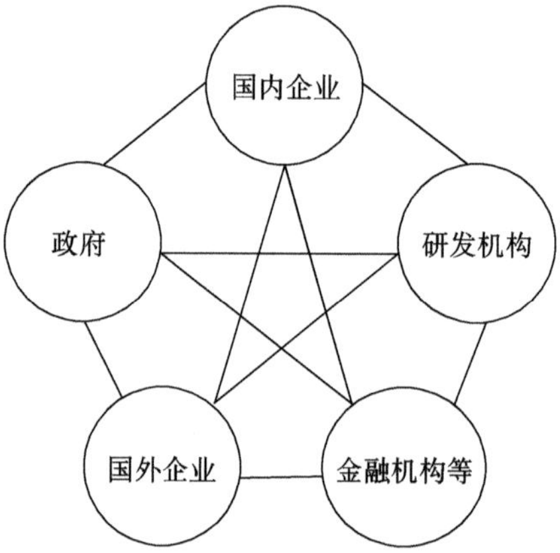

图 4 - 1　区域技术创新系统图示

本书认为企业是制造业区域维度技术创新的主体，高校和科研机构是创新知识的发源地，政府则是政策、法律法规及制度的主要制定者。在开放经济条件下，随着全球化进程的日益加快以及中国对外开放水平的不断提高，外资的进入很有可能会对中国制造业技术创新产生溢出效应，因此也是中国制造业技术创新过程中一个不可忽视的组成成分，必须将其纳入到制造业技术创新的分析框架中。此外，上一节也分析了区域创新环境对区域技术创新的影响。本书认为创新环境是指一切能够促进能力提升的支撑条件，包括硬环境（技术创新基础设施、资金支持等）和软环境（政策、法律法规以及制度等），大体上可以分为经济环境和制度环境。良好的区域技术创新环境可以整合并优化区域内的创新资源，推动区域经济发展，进而提高区域竞争力。鉴于此，本书将分析中国制造业区域技术创新的模型设定为：

$$Y = f(RD, RDP, GOV, FDI, IE, INS, PGDP, \varepsilon) \quad (4.1)$$

式中，Y 表示制造业技术创新产出；$f(x)$ 表示影响中国制造业区域技术创新的因素的函数集；*RD* 表示制造业规模以上企业的研发资本投入；*RDP* 表示研发人员投入；*GOV* 表示制造业技术创新过程中的政府因素支持（如科技投入、教育投入等）；*FDI* 表示开放条件下外商直接投资；*IE* 表示进出口总额对中国制造业区域技术创新的技术溢出效应；*INS* 表示制度环境；*PGDP* 表示经济环境，用一个地区的经济发展水平来衡量。

在区域的选择上，由于整个西部地区（除陕西和重庆外），以及山西、内蒙古、海南等三个省份制造业比较落后，且数据不全，因此本书的研究不包括这些地区。本书选取的其他 19 个省份为：北京、天津、河北、辽宁、吉林、黑龙江、上海、江苏、浙江、安徽、福建、江西、山东、河南、湖北、湖南、广东、重庆和陕西，且这 19 个省份的制造业总产值占全国总产值的比例达到 90% 以上[①]。

第二节 区域维度制造业技术创新影响因素的实证研究

一、R&D 投入、区域技术溢出与技术创新：空间面板回归模型

1. 相关文献综述

在区域维度，很多学者的研究都证实了研发投入对技术创新的正向促进作用。王税淇、彭良涛和蒋宁（2010）在研究区域技术创新效率影响因素时发现，大中专院校的研发经费对区域技术创新没有显著影响，而科技从业人员数量以及政府的科技投资则均呈现出显著的正面影响。刘秀玲（2011）发现研发资本存量对中国出口企业的技术创新具有显著的促进作用。胡义东、仲伟俊（2011）基于江苏 1562 家高新技术企业的研究表明，研发经费投入对高新技术企业的技术创新绩效有显著促进作用。杜志雄、肖卫东（2012）发现有无研发机构对农村中小企业的技术创新能力具有显

① 2013 年这一数据是 90.44%，根据《中国统计年鉴》计算得出。

著影响。王群伟、杭叶、于贝贝（2013）研究了新能源企业技术创新的影响因素，从技术创新投入、技术创新产出、技术创新管理、技术创新示范与推广四个维度出发，发现影响最大的因素包括研发人员及经费投入、产学研合作水平。许培源和张华（2014）研究了影响福建省技术创新能力的因素，发现研发资本存量是影响该省技术创新能力的重要因素之一。张娜、杨秀云、李小光（2015）经研究发现，研发资金投入对高技术产业的技术创新效应大于人力资本投入。

通过对现有代表性文献的综述可以发现，大多数学者在分析研发投入对技术创新的影响时，存在一个比较普遍的问题，那便是仅考虑创新主体自身的 R&D 投入，而较少考虑空间上技术溢出效应，而该效应是真实存在的。学者 Anselin 认为，区域间的经济行为均存在一定程度的交互作用，地理位置越近的地区在空间上可能具有密切的关联。鉴于此，本书在研究制造业区域研发投入对该行业技术创新的影响时，将空间技术溢出纳入到考虑范围内，对该问题进行空间计量分析。

2. 模型的构建及变量说明

（1）模型的构建

Griliches 最先提出了知识生产函数，该函数借鉴了柯布-道格拉斯生产函数研究研发知识投入与产出之间的关系。用 $R\&D_{output}$ 和 $R\&D_{input}$ 分别表示研发的投入和产出，则其表达式为：

$$R\&D_{output}=\alpha\,(R\&D_{input})^{\beta} \tag{4.2}$$

式中，α 表示常数；β 表示研发投入系数，即知识投入的产出弹性。

后来的学者们根据自身的研究视角，将式中的投入、产出要素进行了具体化。如 Jaffe 在研究高等院校的科研活动对当地商业技术创新活动的影响时，将知识生产函数具体化为：

$$Pat=\alpha C^{\beta_1}\cdot U^{\beta_2}\cdot(U\cdot D)^{\beta_3}\cdot\varepsilon \tag{4.3}$$

式中，Pat 表示企业的专利申请数，用以代表企业的技术创新产出；C 和 U 分别表示企业和高等院校的研发投入；D 代表企业和高等院校之间的距离指数；β_1、β_2 和 β_3 则分别表示三者对企业技术创新的产出弹性。

随着研究的深入，一些学者开始将空间因素和其他技术创新的影响因素引入到知识生产函数中，如 Acs、Audretsch 和 Feldman 等就进行了这样的拓展研究，使得该函数成了区域技术创新研究领域比较经典的模型。

在研究区域创新时将空间因素引入到知识生产函数中的研究，其实质是除了探究区域自身 R&D 投入对其技术创新的影响之外，还将区域之间的知识溢出考虑在内，同时研究其他地区的技术创新对该地区技术创新的影响。Verspagen 和 Loo 最早提出了区域间知识溢出的具体形式，认为本地区 i 和相邻地区 j 的知识存量 K 的差距 G、本地区的学习能力 δ 决定了区域间知识溢出效应的大小。

$$SP = \alpha G \cdot e^{-G/\delta} \tag{4.4}$$

式中，SP 表示区域间知识溢出。

知识存量 K 的差距 G 的表达式为 $G_{ij} = \ln \frac{K_j}{K_i}$。在对该模型进一步的研究中，Caniëls 和 Verspagen 等将区域之间的地理距离、“干中学”效应等因素也引入到上述模型中，构建了如下空间知识溢出模型：

$$SP_{ij} = \frac{\delta_i}{d_{ij}} e^{-(\frac{1}{\delta_i}G_{ij} - u_i)^2} \tag{4.5}$$

式中，SP_{ij} 表示 j 地区对 i 地区的知识溢出；d_{ij} 表示地区 i 和地区 j 之间的地理距离；δ_i 和 u_i 分别表示本地区固有的学习能力和干中学能力。

当地区个数为 N 时，地区 i 吸收的知识溢出是其他 $N-1$ 个地区知识溢出效应之和：

$$SP_{ij} = \sum_{j=1, i \neq j}^{N} \frac{\delta_i}{d_{ij}} e^{-(\frac{1}{\delta_i}G_{ij} - u_i)^2} \tag{4.6}$$

为了检验区域 R&D 投入和区域之间技术创新溢出对制造业技术创新的影响，本书借鉴 Griliches - Jaffe 知识生产函数模型和 Verspangen - Caniëls 空间知识溢出模型，将模型设定为：

$$Y = \alpha RD^{\beta_1} \cdot RDP^{\beta_2} \cdot SP^{\beta_3} \cdot \varepsilon \tag{4.7}$$

式中，Y 表示各地区制造业技术创新产出；RD、RDP 分别表示各地区研发物质资本投入和研发人员投入；SP 表示其他地区对本地区的知识溢出；β_1、β_2、β_3 分别表示 RD、RDP 和 SP 三者技术创新的产出弹性。

在研究过程中，假设区域之间的学习能力相同，即 $\delta_i = 1$，$u_i = 0$，此时 SP 的表达式变为：

$$SP_{ij} = \sum_{j=1, i \neq j}^{N} \frac{1}{d_{ij}} e^{-G_{ij}^2} \tag{4.8}$$

从（4.8）式可知，地区 i 获得的知识溢出受两个因素的影响：第一个因素是地区 i 和地区 j 之间的地理距离 d_{ij}，d_{ij}越小，地区 i 获得的知识溢出效应越大；第二个因素是地区 i 和地区 j 之间的知识存量差距 G_{ij}，G_{ij}越大，地区 i 获得的知识溢出也越大。

在表达式 $Y = \alpha RD^{\beta_1} \times RDP^{\beta_2} \times SP^{\beta_3} \times \varepsilon$ 中，

$$SP_{ij} = \sum_{j=1, i \neq j}^{N} \frac{1}{d_{ij}} e^{-G_{ij}^2} \tag{4.9}$$

$$G_{ij} = \ln \frac{K_j}{K_i} \tag{4.10}$$

在空间计量分析中，空间滞后模型（Spatial Lag Model，SLM）和空间误差模型（Spatial Error Model，SEM）是常用的两种模型。SLM 模型的表达式为：$Y = \rho W_y + X\beta + \varepsilon$；SEM 模型的表达式为：$Y = X\beta + \varepsilon$，其中误差项 ε 的表达式为 $\varepsilon = \lambda W_\varepsilon + \mu$。W 表示空间权重矩阵；$\rho$ 和 λ 表示空间相关系数。

接下来进一步构造本书的研究模型，对 $Y = \alpha RD^{\beta_1} \times RDP^{\beta_2} \times SP^{\beta_3} \times \varepsilon$ 两边取对数，得到：

$$\ln Y = \alpha + \beta_1 \ln RD + \beta_2 \ln RDP + \beta_3 \ln SP + \varepsilon \tag{4.11}$$

空间面板 SLM 模型的表达式为：

$$\ln Y_{it} = \alpha + \rho W \ln Y_{it} + \beta_1 \ln RD_{it} + \beta_2 \ln RDP_{it} + \beta_3 \ln SP_{it} + \varepsilon_{it} \tag{4.12}$$

空间面板 SEM 的模型表达式为：

$$\ln Y_{it} = \alpha + \beta_1 \ln RD_{it} + \beta_2 \ln RDP_{it} + \beta_3 \ln SP_{it} + \varepsilon_{it} \tag{4.13}$$

$$\varepsilon_{it} = \lambda W \varepsilon_{it} + u_{it} \tag{4.14}$$

（2）变量说明

第一，关于各地区制造业技术创新产出（Y）。目前，理论界对于技术创新产出变量的选取存在不同意见。总体而言，用专利数来衡量技术创新产出是较为普遍的做法。Acs 等（2002）认为，虽然用专利授权数衡量区域创新能力存在片面性，但由于数据较容易获取，和创新关系密切，而且多年来专利标准客观、变化缓慢，所以专利仍是衡量创新活动的相对可靠的指标。国内的相关研究中，张玉明等（2009）运用各个省际区域每 10 万工人拥有的专利授权数作为衡量各升级区域创新产出的基本指标，官建成等

(2005)、刘凤朝等（2006）认为，三种专利指标中，发明专利是衡量区域技术创新产出水平的较好指标，其技术含量高且申请量很少受到专利授权机构审查能力的约束，更能客观地反映出一个地区的原始创新能力和科技综合实力。然而，尽管中国目前对专利申请与保护的重要性的认识不断提高，但总体来说仍处于起步阶段。另一方面来说，专利发明并不等同于创新，其是否能够实现“惊险的跳跃”，即发明一个专利后，将其进行商业化的努力和成本是否可以由商业化利润来进行补偿，还存在很大的不确定性。此外，中国有些省份对不同行业专利数量的统计数据也比较缺乏，导致本研究也不能用专利申请数量这一指标。鉴于此，与前文的处理方法类似，本书运用新产品销售收入来衡量中国制造业区域维度技术创新产出。以 2009 年为基年，按分地区工业生产者出厂价格指数，对各区域制造业新产品销售收入进行平减。

第二，关于研发投入。本研究用制造业各地区的研发资本投入和研发人员全时当量来衡量制造业区域研发投入。对于研发资本投入，和前文的处理一样，用研发资本存量来表示。与前文处理方法类似，仍然用永续盘存法对研发资本存量进行计算，计算公式如下。

$$RD_{it} = (1-\delta)\ RD_{i(t-1)} + E_{it} \tag{4.15}$$

式中，RD_{it}表示 i 省份 t 年时经过平减处理后 R&D 存量；E_{it}表示 i 省份第 t 年经过平减后的当年 R&D 投入量；δ 表示折旧率。

仍以 2009 年为基期，假设 R&D 的增长率等于 E 的增长率，R&D 的初始值为 $RD_{i0}=\dfrac{E_{i0}}{(g+\delta)}$，$g$ 表示 E 的年均增长率，本研究根据样本数据，先计算各地区 2009—2013 年每年 R&D 经费投入增长率，然后求这五年各地区 R&D 投入增长率的算术平均数，将其作为各地区研发经费投入的增长率。研发资本的折旧率 δ 的取值仍参考 Griliches 等（1984）、吴延兵（2008）等的做法，将其设定为 15%。在对 R&D 进行平减处理时，对于 R&D 价格指数的构建方法仍和前文一样，采用居民消费价格指数和固定资产投资价格指数的平均数。对于研发人员投入，本研究并不直接运用研发人员数量，而是运用研发人员折合全时当量，因为后者更能反映出真实的研发人员投入量。相关数据来自各地区历年统计年鉴。

第三，关于区域知识溢出（*SP*）。在其计算过程中，*d* 表示各地区的地理距离，具体数据来自邬滋（2010）的相关研究。*G* 表示各地区的知识存量 *K* 的差距，*K* 用各地区制造业技新产品销售收入来衡量，*G* 的值则通过公式计算得出。*W* 表示标准化矩阵，令边界上接壤的地区取值为 1，不接壤的地区取值为 0。相关数据来源各地区历年统计年鉴、《中国科技统计年鉴》及《中国统计年鉴》。

3. 实证结果及分析

通过实证分析，得到的回归结果如表 4－1 所示。

表 4－1　R&D 投入、区域技术溢出与制造业技术创新

变量	SLM 模型			SEM 模型		
	地区固定效应	时点固定效应	双向固定效应	地区固定效应	时点固定效应	双向固定效应
ln*RD*	0.280** (1.982)	0.297*** (8.241)	0.239*** (4.015)	0.176** (1.922)	0.204*** (3.854)	0.265*** (3.225)
ln*RDP*	0.494*** (5.231)	0.611*** (4.334)	0.453*** (4.028)	0.499*** (8.290)	0.570*** (8.903)	0.439*** (7.625)
ln*SP*	0.049*** (3.523)	0.086*** (5.124)	0.091*** (4.388)	0.087*** (7.893)	0.092*** (10.314)	0.104*** (6.221)
ρ/λ	0.023***	0.022***	0.019**	0.082**	0.073**	0.084*
Adj－R^2	0.808	0.797	0.862	0.832	0.835	0.889
logL	41.69	53.832	50.756	－101.476	－95.431	－112.79

注：***、**、* 分别表示变量在 1%、5% 和 10% 的水平上显著。括号内为 *t* 统计量。本表格的计算采用 Matlab 编程计算，参考了 http://www.spatial－econometrics.com 网站上提供的 “sar_ panel_ FE.m” 和 “sem_ panel_ FE.m” 两个代码文件。

通过表 4－1，可以得到以下结论：

第一，R&D 资本投入和 R&D 人员投入均对区域制造业技术创新有显著促进作用。表中显示，R&D 资本投入的技术创新产出弹性在 0.2—0.3 之间，表明 R&D 经费支出每增加 1 个百分点，制造业新产品销售收入就会上升 0.2—0.3 个百分点。R&D 人员投入的技术创新产出弹性在 0.4—0.6 之间，说明研发人员投入每增加 1 个百分点，制造业新产品销售收入就会上升 0.4—0.6 个百分点。各地区研发人员投入的技术创新产出弹性略高于研发资本的技术创新产出弹性。

第二，区域之间技术溢出对本地区制造业技术创新具有显著的正向影响。表中显示，ln*SP* 的系数介于 0.05—0.10 之间，且均在 1% 水平上显著。这说明除了各地区内除了自身 R&D 投入会促进其制造业技术创新能力提升之外，来自其他地区的技术溢出也会对制造业技术创新产生显著促进作用。

为了进一步验证区域技术溢出效应的大小，本书继续分析地理距离对区域技术溢出的影响。假设在距离阈值之内的其他地区对本地区会产生技术溢出效应，而在距离阈值之外的其他地区，技术溢出效应明显减弱。将地理距离 d 的初始值设为 100 公里，并以 100 公里递增[①]。运用空间面板 SEM 模型进行回归，得到不同阈值下的区域 R&D 溢出系数，其变化趋势如图 4-2 所示。

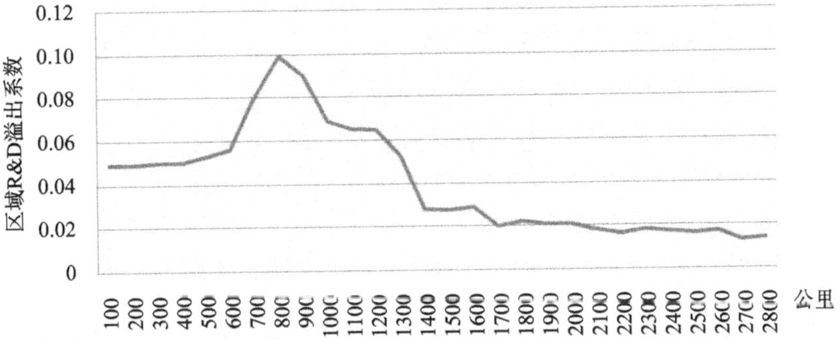

图 4-2　地理距离对区域 R&D 技术溢出效应的影响

从图 4-2 可知，大体上看，区域 R&D 溢出效应首先随着地理距离的拉长而增强，达到峰值后开始逐渐减弱。100—600 公里，区域 R&D 溢出效应变化比较缓慢，溢出系数为 0.05 左右；600—800 公里，区域 R&D 溢出系数快速上升，由 0.05 上升至 0.1，并在 800 公里达到峰值 0.1；随后，800—2800 公里，区域 R&D 溢出效应在波动中下滑，在 1400 公里处，技术溢出系数下降至 0.03 左右，1700　2800 公里，这一值下降至 0.02 以下。区域 R&D 系数的变化是由地区之间的地理位置决定的。首先，从本书所选的

① 阈值是根据本书所选地区的省会的地理距离设置的，在本书所选的 19 个地区中，最短的距离为天津至北京的 96 公里，最长的为广东至黑龙江的 2762 公里。

19个地区来看，距离在600公里以内的地区主要包括环渤海经济圈、长三角经济圈以及安徽、湖北、湖南、江西等中部省份三大部分。这三大部分区域文化比较相似，交通环境也比较便捷，在经贸、文化方面的交流比较多，因此区域R&D溢出效应保持不变。其次，地理距离为600—800公里时，制造业区域R&D溢出效应不断增加并达到峰值，随后，距离为800—1000公里时，区域R&D溢出效应开始下滑，但仍然保持在较高的水平，在1000公里处，该值约为0.07左右，说明地理距离为600—1000之间时，区域技术溢出效应比较明显。中国大部分东部沿海地区至中部省份的距离在这一区间内，如中部地区的湖北与广东、福建、上海、山东的距离分别为816公里、698公里、687公里和713公里；湖南与浙江、江苏、上海、山东的距离分别为765公里、713公里、906公里和1011公里。这说明东部地区制造业较发达省份对中部地区制造业发展较差的省份产生了明显的技术溢出效应。最后，图4-2中显示地理距离超过1400公里以上时，技术溢出效应非常微弱。而在本书所选的19个地区中，黑龙江、吉林、辽宁等省份距离东部沿海制造业发达省份的距离基本在1400公里以上，这说明东部沿海省份制造业技术创新对东北地区的技术溢出能力明显降低。

4. 小结

本节构建了知识生产函数，并基于空间面板回归模型，对区域R&D投入、区域R&D溢出对制造业技术创新的影响进行了分析。得到了以下基本结论：第一，各地区制造业内R&D投入能够显著地促进该行业技术创新能力的提升；第二，区域R&D技术溢出对提升本地区制造业技术创新能力有显著的正向影响，且技术溢出随着地理距离的拉长而呈现先上升后减弱的趋势，区域技术溢出在地理距离约为800公里时达到峰值，在1400公里之后变得非常微弱。第三，区域R&D技术溢出效应的变化是由地理特征决定的，分析发现东部沿海制造业发达地区，如江苏、广东、山东、浙江等地对中部地区制造业技术创新具有较强的技术溢出效应，而对东北地区的技术溢出非常微弱，因此制造业技术创新能力较弱的中部地区应加强与东部沿海地区的交流，运用发达的互联网技术尽可能与东部地区共享技术创新知识，突破地理上的局限，增强对区域R&D溢出的吸收。

二、制度环境与技术创新：综合制度的视角

1. 制度环境促进区域技术创新能力提升的作用机理

在前文的区域技术创新系统理论里面已经提及，技术创新活动是由企业、科研机构、高等院校、金融机构及中介结构等组成的系统活动。这些主体在技术创新过程中存在相互沟通、协调与合作等问题，因此，在影响技术创新的众多因素中，制度因素成为必不可少的组成成分。由于企业的技术创新活动都是在一定的制度环境中进行的，因此制度环境会对企业技术创新的动力、技术创新的模式等都产生影响。伴随着企业之间的竞争和技术的扩散，制度环境对区域技术创新能力也会产生一定影响。概括而言，制度环境对区域技术创新能力的影响途径包括微观方面和宏观方面。

从宏观上来讲，产权性质、产业政策、资源配置方式等制度因素均会影响区域技术创新能力。从产权性质来看，国有产权会阻碍技术创新，而私有产权却能促进技术创新（Shleifer，1998）。从产业政策来看，鼓励研发的产业政策，如对技术创新企业实行税收减免、低息贷款等会降低企业进行技术创新的风险，增强企业进行技术创新的意愿和动力，进而影响该区域的技术创新能力。从资源配置方式来看，资源配置方式不同会直接影响企业获取研发资源的方式，这样一来，企业技术创新投入的规模和效率也会受到影响，导致其技术创新能力也会不同。

从微观上来讲，首先，制度环境通过“市场竞争机制”促使大中型企业、高等院校、科研机构等创新主体主动调整技术创新策略和改变自我激励，对技术创新的投入、产出、扩散、环境支持都会产生影响。其次，制度环境可以降低创新主体的交易费用、保护企业知识产权、减少或约束破坏经济发展的行为，有助于提升区域技术创新能力。再次，区域技术创新是在特定产权制度下按利润最大化原则展开研发行为的结构，良好的知识产权保护制度既能决定技术研发资源的高效配置，又会影响创新主体的激励机制。因此，制度环境在区域技术创新过程中发挥着重要作用。

2. 模型构建

在相关研究中，杨飞（2013）运用两阶段最小二乘法估计法研究了制度质量对制造业中高、中等技术行业的技术创新的影响。结果发现，政府与市场的关系、产权保护和金融市场化对制造业总体技术创新具有显著的促进作用。然而，制度质量对国企制造业中高技术行业并无显著影响。产权保护对制造业高、中技术产业的技术创新则产生了不同的影响，它对高技术产业的技术溢出没有抑制作用，但对中技术产业的技术溢出造成了约束。曹琪格、任国良、骆雅丽（2014）研究了不同制度对企业技术创新的影响，发现要素市场发育和市场中介组织的发育对技术创新有显著正影响。要素市场中，金融业的市场化、技术成果市场化程度对技术创新有明显的促进作用，而外资以及劳动力流动性的作用并不显著。在市场中介组织中，律师和会计师等中介组织的服务条件、行业协会对企业的帮助程度对企业加大 R&D 投资有显著影响，而生产者合法权益保护制度却没有很明显的作用。杜江、宋跃刚（2014）的实证研究表明，政府管理水平、政策支持以及宏观调控等制度因素会直接或间接地对跨国企业投资决策产生影响，进而影响一个地区的技术创新水平。宋跃刚、杜江（2015）的实证研究表明，中国东、中部地区拥有更加完善的市场竞争机制，更加完备的合同及产权保护力度，这些良好的制度环境提升促进了其技术创新能力的提升；而中国西部地区的制度环境比较差，因此无法有效提升其技术创新能力。

鉴于此，本书将制度环境因素纳入到制造业区域维度的技术创新的影响因素之中，主要从经济制度和法律制度两方面来考察制度对制造业区域技术创新能力的影响。

其中，经济制度主要用市场化程度、产业结构、金融支持来衡量；法律制度主要用知识产权保护力度来衡量。

（1）市场化程度

市场化程度能够有效反映中国从计划经济向市场经济转变的制度变迁特征，可以作为经济制度的代理变量之一（樊纲、王小鲁和朱恒鹏，2011）[①]。

---

① 樊纲，王小鲁，朱恒鹏．中国市场化指数：各地区市场化相对进程 2011 年报告［R］．北京：经济科学出版社，2011.

市场化程度的提高有利于人才、资本等生产要素向生产率较高的技术部门流动，从而有利于提升区域技术创新能力。本研究用非国有工业产值占GDP的比重和非国有固定资产投资占总投资的比重两个指标（樊纲、王小鲁和朱恒鹏，2011）来衡量市场化程度。

（2）产业结构

在中国经济发展过程中，国内第二产业产值占GDP的比重虽有所下降，但基本保持稳定，第一产业和第三产值占GDP的比重则是此消彼长①。提高第三产业占GDP的比重有利于优化产业机构、提升经济发展质量，并促进区域技术创新能力的提升。本书选取第三产业产值占GDP的比重和第三产业就业人数占总就业人数的比重这两个指标来衡量产业结构指标。数据来源于相关年份《中国统计年鉴》。

（3）金融深化程度

金融支持能显著降低信息不对称和交易成本，提高金融系统的效率。高效的金融体系有助于提高市场运作效率，降低企业融资成本，进而也降低了一些企业进行技术创新的成本和风险，在一定程度上可以提升区域技术创新能力。本书借鉴郭书文、黄汉民（2011）的方法，用信贷总额占GDP的比重来衡量区域金融深化程度，数据来源于相关年份《中国金融统计年鉴》。

（4）知识产权保护力度

由于技术创新活动需要耗费大量的时间和资金，且容易被模仿，因此，公正透明的法律环境以及强有力的知识产权保护会影响企业进行技术创新的意愿。一方面，知识产权保护鼓励企业进行研发活动，从而有利于促进技术创新；另一方面，知识产权保护阻止技术外溢，从而不利于技术创新。因此，知识产权保护对制造业技术创新的影响究竟如何，这需要通过实证检验来证明。本书借鉴李梅、袁小艺和张易（2014）、宋跃刚和杜江（2015）等学者的做法，采用各地区知识产权侵权结案率来衡量知识产权保

① 根据2015年《中国统计年鉴》得知，1978—2014年，中国第二产业占GDP的比重基本保持稳定，由1978年的47.6%小幅下降至2014年的42.7%；而第一、三产业占GDP的比重则变化较大，第一产业占GDP的比重由1978年的27.9%下降至2014年的9.2%，第三产业占GDP的比重则由1978年的24.5%上升至48.1%。

护力度，即各地区 2009—2013 年的侵权结案数占 2013 年为止各地区侵权案总数的比重来衡量。具体数据来源于中华人民共和国国家知识产权局官方网站上公布的历年统计年报。

在计算各地区的综合制度得分时，面临一个关键问题，即如何确定各项指标的权重。本研究借鉴樊纲、王小鲁和朱恒鹏（2011）[①] 的做法，当构成一个指标的变量较多且覆盖范围较广时，通过简单算术平均得出的结果和通过主成分分析得出的结果并没有显著差异，基于此，本书采用简单算术平均法计算各地区的综合制度得分。其中“市场化程度”的得分取非国有工业产值占 GDP 的比重，和非国有固定资产投资占总投资的比重两者的平均值；“产业结构”的得分取第三产业产值占 GDP 的比重，和第三产业就业人数占总就业人数的比重两者的平均值。

通过计算及整理，得到 17 个省 2009—2013 年的综合制度得分及排名如表 4 - 2 所示：

表 4 - 2　　各地区 2009—2013 年综合制度得分及排名

地　区	2009 年	2010 年	2011 年	2012 年	2013 年	均值	排名
北　京	5.292	5.366	5.299	5.159	5.233	5.270	1
天　津	3.730	3.720	3.555	3.712	3.819	3.707	5
河　北	3.433	3.218	3.260	3.319	3.531	3.352	11
辽　宁	3.433	3.484	3.420	3.551	3.569	3.491	8
吉　林	3.120	3.060	3.131	3.211	3.110	3.126	17
黑龙江	2.550	1.916	1.923	2.106	2.228	2.145	19
上　海	4.105	4.443	4.387	4.509	4.776	4.444	2
江　苏	3.640	3.632	3.609	3.674	3.757	3.662	6
浙　江	4.158	4.184	4.109	4.265	4.316	4.206	3
安　徽	3.222	3.290	3.320	3.331	3.514	3.335	12
福　建	3.375	3.444	3.437	3.473	3.674	3.481	9
江　西	3.239	3.247	3.225	3.302	3.486	3.300	13

① 樊纲，王小鲁，朱恒鹏．中国市场化指数：各地区市场化相对进程 2011 年报告［R］．北京：经济科学出版社，2011.

续表

地 区	2009 年	2010 年	2011 年	2012 年	2013 年	均值	排名
山 东	3.322	3.333	3.362	3.393	3.567	3.396	10
河 南	3.149	3.147	3.130	3.197	3.300	3.185	15
湖 北	3.161	3.125	3.061	3.209	3.387	3.189	14
湖 南	3.110	3.127	3.247	3.140	3.272	3.179	16
广 东	3.624	3.608	3.695	3.795	3.949	3.734	4
重 庆	3.531	3.564	3.462	3.854	3.851	3.652	7
陕 西	2.908	2.928	2.867	2.940	3.191	2.967	18

资料来源：根据2010—2014年《中国统计年鉴》、《中国金融统计年鉴》和中国知识产权局官方网站公布的数据进行的运算。

通过表4－2可以看出，综合制度得分最高的为北京，其次是上海、浙江、广东和天津，而综合制度得分比较靠后的省份为黑龙江、陕西、吉林。大体上来说，综合制度得分较高的省份同时也是经济发展水平较高的省份；反之，则是经济发展水平较落后的省份。

鉴于本节主要考察制度环境对制造业技术创新的影响，而在制度环境的建设中，政府发挥着绝对主导作用。本章第一节在论述区域创新系统理论时，也强调了政府是区域创新系统的重要构成之一。基于此，本节主要从制度环境和政府支持两个方面来考察政府对技术创新的推动作用。其中，用各地区政府科技经费支出占财政支出的比重、教育经费支出占财政收入的比重来衡量政府支持力度的大小。因此，在上述分析的基础上，将模型设定为：

$$\ln Y_{it} = \beta_0 + \beta_1 \ln RD_{it} + \beta_2 \ln RDP_{it} + \beta_3 \ln INS_{it} + \beta_4 \ln TECH_{it} + \beta_5 \ln EDU_{it} + \varepsilon_{it} \tag{4.16}$$

式中，Y 表示各地区制造业新产品销售收入；RD、RDP 分别表示各地区制造业研发经费投入和研发人员投入；INS 表示制度环境；$TECH$ 和 EDU 代表政府支持因素，$TECH$ 表示各地区政府科技经费支出占财政支出的比重，EDU 表示教育经费支出占财政收入的比重。

$TECH$ 和 EDU 的具体数据见表4－3和表4－4。

表 4-3 2009—2013 年各地区政府科技经费支出占财政支出的比重 单位：%

地 区	2009 年	2010 年	2011 年	2012 年	2013 年	均值
北 京	5.45	6.58	5.64	5.43	5.62	5.74
天 津	3.02	3.14	3.35	3.57	3.64	3.34
河 北	1.13	1.05	0.94	1.10	1.13	1.07
辽 宁	2.14	2.16	2.23	2.22	2.29	2.21
吉 林	1.28	1.07	0.96	1.01	1.36	1.14
黑龙江	1.06	1.23	1.19	1.19	1.15	1.16
上 海	7.20	6.12	5.58	5.87	5.69	6.09
江 苏	2.91	3.06	3.43	3.66	3.88	3.39
浙 江	3.74	3.78	3.74	3.99	4.06	3.86
安 徽	1.70	2.24	2.33	2.42	2.52	2.24
福 建	1.98	1.91	1.84	1.86	1.98	1.91
江 西	0.86	0.95	0.84	0.91	1.33	0.98
山 东	1.92	2.04	2.17	2.12	2.23	2.10
河 南	1.22	1.31	1.33	1.39	1.43	1.34
湖 北	1.21	1.20	1.37	1.45	1.77	1.40
湖 南	1.34	1.30	1.19	1.17	1.18	1.24
广 东	3.89	3.96	3.04	3.34	4.10	3.66
重 庆	1.20	1.05	0.97	0.98	1.26	1.09
陕 西	1.13	1.14	0.99	1.05	1.04	1.07

资料来源：2010—2014 年《中国统计年鉴》。

表 4-4 2009—2013 年各地区政府教育经费支出占财政支出的比重 单位：%

地 区	2009 年	2010 年	2011 年	2012 年	2013 年	均值
北 京	15.77	16.57	16.03	17.06	16.32	16.35
天 津	15.44	16.67	16.83	17.67	18.10	16.94
河 北	18.71	18.24	18.43	21.22	19.00	19.12
辽 宁	12.93	12.68	13.93	15.99	12.88	13.68
吉 林	14.67	14.00	14.53	18.25	15.38	15.36
黑龙江	14.20	13.28	13.38	17.18	14.88	14.58
上 海	11.61	12.63	14.03	15.51	15.01	13.76
江 苏	16.94	17.61	17.57	19.22	18.40	17.95
浙 江	19.57	18.91	19.56	21.09	20.08	19.84
安 徽	15.12	14.93	17.10	18.13	16.93	16.44

续表

地　区	2009 年	2010 年	2011 年	2012 年	2013 年	均值
福　建	19.66	19.34	18.50	21.56	18.73	19.56
江　西	16.12	15.47	18.72	20.60	19.15	18.01
山　东	18.77	18.59	20.95	22.22	20.93	20.29
河　南	18.11	17.84	20.17	22.10	20.99	19.84
湖　北	15.17	14.65	15.19	19.48	15.80	16.06
湖　南	16.18	14.92	15.36	19.61	17.26	16.66
广　东	18.53	17.00	18.29	20.32	20.74	18.98
重　庆	14.73	14.07	12.40	15.48	14.28	14.19
陕　西	16.89	17.03	18.07	21.16	19.38	18.50

资料来源：2010—2014 年《中国统计年鉴》。

为了进一步考察制度环境对制造业区域技术创新的影响，对所选地区进行分组。第一种分组方式是按照地理位置分组，将 19 个省份分成东部地区和中西部地区两组①；第二种分组方式是按照各地区制度环境综合得分分组，将综合制度得分靠前的 10 个省份归入制度环境较好地区组；将综合制度得分靠后的 9 个省份，归入制度环境较差地区组。

3. 实证分析及结果

运用 Eviews 7.0 做回归分析，得到的结果如表 4 - 5 所示。

表 4 - 5　　综合制度变量对区域制造业技术创新的影响

变量	所有地区(1)	所有地区(2)	制度环境较好的地区	制度环境较差的地区	东部地区	中西部地区
c	7.429*** (-10.767)	6.856*** (-10.016)	8.297*** (-11.601)	6.772*** (-4.981)	5.574*** (-7.592)	8.816*** (-6.895)
ln*RD*	0.280*** (-2.659)	0.238** (-2.302)	0.222** (-2.118)	0.381** (-1.987)	0.330*** (-3.197)	0.197 (-1.081)
ln*RDP*	0.493*** (-3.286)	0.493*** (-3.429)	0.516*** (-3.657)	0.315 (-1.116)	0.496*** (-3.456)	0.438* (-1.712)

① 根据国家统计局的分组方式，本书东部地区的省份包括：北京、天津、河北、辽宁、上海、江苏、浙江、福建、山东和广东，其余省份为中西部省份。

续表

变量	所有地区(1)	所有地区(2)	制度环境较好的地区	制度环境较差的地区	东部地区	中西部地区
ln*INS*		0.614** (-2.228)	0.686** (-2.029)	0.217 (0.321)	0.872** (-2.201)	0.243 (-0.351)
ln*TECH*		0.400*** (3.026)	0.035 (0.180)	0.377** (2.155)	0.470*** (3.317)	0.490** (2.126)
ln*EDU*		-0.249 (-1.097)	-0.368 (-1.358)	-0.286 (-1.012)	-0.215 (-1.408)	-0.355 (-1.408)
Adj - R^2	0.683	0.707	0.825	0.911	0.86	0.918
H 值	2.525	4.841	1.289	4.282	5.408	8.959
适用模型	RE	RE	RE	RE	RE	FE

注：***、**、*分别表示变量在1%、5%和10%的水平上显著。括号中的数字表示 *t* 值。FE 和 RE 分别表示固定效应和随机效应。后文所有表格中出现与此表相同的表达方式，除特别说明外，含义都与此表相同。*H* 值表示随机效应和固定效应检验的 Hausman 值。

通过表 4-5 可以得到如下结论：

第一，对本书选取的所有地区而言，改善制度环境有利于促进区域制造业技术创新。所有地区（2）的回归结果显示，ln*INS* 的系数为 0.614，且在 5% 水平上显著。表明制度环境每提升 1%，将会促进制造业新产品销售收入提高 0.985%。对比 ln*INS* 的系数大于 ln*RD*、ln*RDP*，说明制度环境对区域制造业技术创新起着至关重要的作用。

第二，在制度环境较好的地区，制度环境对区域制造业技术创新具有显著的促进作用，表 4-5 中，制度环境变量 ln*INS* 的系数为 0.686，且在 5% 水平上显著；然而，在制度环境较差的地区，制度环境对区域制造业技术创新的促进作用并不显著，制度环境变量 ln*INS* 的系数为 0.217，但并不显著。

第三，制度环境对东部、中西部地区制造业技术创新的影响均表现出显著的正向影响，且对东部地区制造业技术创新的促进作用更强一些。表中显示，在东部地区组和中西部地区组中，制度环境变量 ln*INS* 的系数分别为 0.872 和 0.243，前者在 5% 水平上显著，后者并不显著。

第四，总体上看，研发投入对区域制造业技术创新具有明显的正向影响，且研发人员的投入比研发经费的投入对区域制造业技术创新的促进作用更大。上表中，ln*RD* 的回归系数大小在 0.222—0.381 之间，而 ln*RDP* 的系数大小在 0.438—0.516 之间，稍高于 ln*RD* 的系数。

（5）从政府的支持来看，政府的科技支持对制造业技术创新有显著的促进作用。回归结果显示，ln*TECH* 的系数介于 0.4—0.5 之间，说明政府科技经费支出占财政支出的比重每上升 1%，制造业新产品销售收入就可以上升 0.4—0.5 个百分点。然而，政府的教育支持对制造业技术创新并无显著作用，表中，ln*EDU* 的系数均为负，也并不显著。这说明一个地区的技术创新能力与政府对教育的支持力度并没有显著联系。上述结果是比较好理解的，政府科技经费支出主要用于科研活动上，因此其对区域技术创新具有较直接的促进作用；而政府的教育经费支出主要用于支付各级各类学校的人员工资以及购买教育基本设施投资，因此其对区域制造业技术创新能力的促进作用是比较有限的。

三、制度环境与技术创新：各项制度相互协调的视角

上一节基于综合制度的视角，分析了制度对区域制造业技术创新的影响，发现制度环境的改善有利于促进区域制造业技术创新能力的提升，且在东部地区以及综合制度得分比较高的地区，这种促进作用更强。然而，综合制度对技术创新具有促进作用，并不代表构成综合制度的各项子制度也同样具有促进作用。即便同样具有促进作用，不同子制度的促进作用大小也有可能存在差异。基于此，本节进一步分析各项子制度对区域制造业技术创新的影响。同时分析各项子制度和其他三个制度变量之间的交互影响。

1. 实证分析

运用上一节介绍的计算各项制度得分的方法，首先计算出各项制度变量的得分。在对相关制度数据进行整理的基础上，运用 Eviews 7.0 分别对所有地区、东部地区以及中西部地区进行了回归分析，得到的结果如表 4－6、表 4－7 和表 4－8 所示。

表4-6　各项制度对制造业技术创新的影响：所有地区的检验

变量	模型1 市场化程度 (MS)	模型2 产业结构 (INDUS)	模型3 金融深化程度 (FINAN)	模型4 知识产权保护力度 (IPR)
c	7.703*** (7.076)	10.413*** (5.798)	8.440*** (11.633)	8.315*** (10.427)
$\ln RD$	0.266*** (2.663)	0.302*** (2.919)	0.357*** (3.310)	0.296*** (2.819)
$\ln RDP$	0.391*** (2.718)	0.378** (2.531)	0.297* (1.792)	0.409*** (2.778)
$\ln MS$	0.185 (0.565)			
$\ln INDUS$		-0.713 (-1.413)		
$\ln FINAN$			-0.290 (-1.413)	
$\ln IPR$				-0.102 (-0.722)
$\ln MS \times \ln INS_{oth}$	0.161* (1.708)			
$\ln INDUS \times \ln INS_{oth}$		0.196* (1.777)		
$\ln FINAN \times \ln INS_{oth}$			0.532* (1.791)	
$\ln IPR \times \ln INS_{oth}$				0.079 (0.718)
$\ln TECH$	0.389*** (2.926)	0.483*** (3.197)	0.558*** (3.285)	0.479*** (3.612)
$\ln EDU$	-0.285 (-1.245)	-0.229 (-1.001)	-0.160 (-0.689)	-0.184 (-0.800)
Adj-R^2	0.736	0.731	0.975	0.720
H值	5.781	5.165	16.630	4.020
适用模型	RE	RE	FE	RE

注：INS_{oth}表示其他三项制度的综合。如$\ln MS \times \ln INS_{oth}$中的$INS_{oth}$表示除$MS$之外，其他三项制度变量的综合。

从表4-6的回归结果来看，市场化程度、产业结构、金融深化程度及知识产权保护力度这四个变量对区域制造业技术创新并无显著影响，$\ln MS$、 ln*INDUS*、ln*FINAN* 和 ln*IPR* 的系数分别为 0.185、-0.713、-0.290、-0.102，但均不显著，这说明各项子制度单独并不能促进区域制造业技术创新能力的提升。然而，$\ln MS \times \ln INS_{oth}$、$\ln INDUS \times \ln INS_{oth}$、$\ln FINAN \times \ln INS_{oth}$这三项的回归系数分别为 0.161、0.196 和 0.532，且均在 10% 的水平上显著；ln*IPR* 的系数为负，而 ln*IPR* 与其他制度变量的相乘项 $\ln IPR \times \ln INS_{oth}$的系数却为正（虽然并没有通过显著性检验）。这说明虽然各项子制度单独对制造业技术创新无显著影响，但是如果各项子制度与其他制度结合在一起，却能够促进区域制造业技术创新能力的提升，这说明了不同制度之间协调发展的重要性。

进一步地，虽然在以所有地区为样本进行回归时，各项子制度对区域制造业技术创新都没有显著影响，但这并不意味着在以东部地区或中西部地区为样本进行回归时，这些制度变量对技术创新的影响也不显著。基于此，下面将对东部地区、中西部地区进行分别检验。东部地区的回归结果见表 4-7，中西部地区的回归结果见表 4-8。

表 4-7　　各项制度对制造业技术创新的影响：东部地区

变量	市场化程度（MS）	产业结构（INDUS）	金融深化程度（FINAN）	知识产权保护力度（IPR）
c	6.119*** (2.871)	8.195*** (3.318)	7.763*** (9.293)	7.403*** (7.245)
ln*RD*	0.356** (2.542)	0.356** (2.427)	0.332** (2.499)	0.345** (2.304)
ln*RDP*	0.416* (1.869)	0.434* (1.728)	0.460** (2.210)	0.456* (1.923)
ln*MS*	0.117** (2.207)			
ln*INDUS*		-0.540 (-0.562)		
ln*FINAN*			0.094* (1.946)	
ln*IPR*				0.207 (0.838)
$\ln MS \times \ln INS_{oth}$	0.291* (1.803)			

续表

变量	市场化程度(MS)	产业结构(INDUS)	金融深化程度(FINAN)	知识产权保护力度(IPR)
$\ln INDUS \times \ln INS_{oth}$		0.364* (1.992)		
$\ln FINAN \times \ln INS_{oth}$			-0.060 (-0.058)	
$\ln IPR \times \ln INS_{oth}$				-0.130 (-0.739)
ln*TECH*	0.200 (0.927)	0.278 (1.135)	0.258 (1.269)	0.229 (1.006)
ln*EDU*	-0.434 (-1.450)	-0.445 (-1.406)	-0.413 (-1.414)	-0.259 (-0.846)
Adj - R^2	0.983	0.982	0.985	0.980
H 值	25.750	22.652	60.384	29.896
适用模型	FE	FE	FE	FE

注：INS_{oth}表示其他三项制度的综合。如 $\ln MS \times \ln INS_{oth}$ 中的 INS_{oth} 表示除 *MS* 之外，其他三项制度变量的综合。

表 4-8　　各项制度对制造业技术创新的影响：中西部地区

变量	市场化程度(MS)	产业结构(INDUS)	金融深化程度(FINAN)	知识产权保护力度(IPR)
c	9.503*** (5.318)	15.186*** (4.404)	9.577*** (7.701)	9.761*** (6.872)
ln*RD*	0.246* (1.805)	0.224** (2.033)	0.272** (2.513)	0.233** (2.323)
ln*RDP*	0.366* (1.827)	0.253** (2.341)	0.312* (1.689)	0.359** (2.497)
ln*MS*	0.248 (0.392)			
ln*INDUS*		-0.484 (-1.338)		
ln*FINAN*			-0.100** (-2.323)	
ln*IPR*				-0.136 (0.568)

续表

变量	市场化程度 (MS)	产业结构 (INDUS)	金融深化程度 (FINAN)	知识产权保护力度 (IPR)
$\ln MS \times \ln INS_{oth}$	0.189* (1.959)			
$\ln INDUS \times \ln INS_{oth}$		0.337** (2.183)		
$\ln FINAN \times \ln INS_{oth}$			0.228 (0.489)	
$\ln IPR \times \ln INS$				0.103 (0.520)
$\ln TECH$	0.575** (2.195)	0.685*** (2.803)	0.697** (2.632)	0.672*** (2.670)
$\ln EDU$	-0.341 (-0.933)	-0.273 (-0.789)	-0.155 (-0.409)	-0.193 (-0.543)
Adj - R^2	0.539	0.542	0.929	0.508
H 值	5.347	9.658	106.419	8.305
适用模型	RE	RE	FE	RE

注：INS_{oth}表示其他三项制度的综合。如 $\ln MS \times \ln INS_{oth}$ 中的 INS_{oth} 表示除 *MS* 之外，其他三项制度变量的综合。

在东部地区，市场化程度（*MS*）和金融深化程度（*FINAN*）对该区域内制造业技术创新具有显著的促进作用。ln*MS* 和 ln*FINAN* 的系数分别为 0.117 和 0.094，且分别通过了 5% 和 1% 的显著性检验。市场化程度和金融深化程度每提高 1%，东部地区制造业新产品销售收入就能分别增加 0.117% 和 0.094%，说明提高市场化程度比提高金融深化程度对东部地区制造业技术创新的促进作用更强。

再比较一下各项制度本身、各项制度与其他制度的交互项可知，$\ln MS \times \ln INS_{oth}$的系数为 0.291，大于 ln*MS* 的系数，且在 1% 水平上显著。这说明在东部地区，良好的金融制度、产业制度以及知识产权保护制度等能进一步促进市场化改革的制度对技术创新的促进作用。

表 4-8 显示，从单独的子制度来看，在中国的中西部地区，金融深化程度对技术创新产生了负向影响作用。ln*FINAN* 的系数为 -0.100，且通过了 5% 的显著性检验。这说明有可能是由于现阶段中西部地区的金融支持力度还比较弱，不为企业特别是中小企业的技术创新提供的足够的资金。

$\ln MS$、$\ln INDUS$ 和 $\ln IPR$ 三项制度的系数并不显著，但由系数的正负号能大概判断这些子制度对技术创新的影响方向。$\ln MS$ 的系数为正，说明市场化程度的加深有利于促进区域制造业技术创新；而 $\ln INDUS$ 和 $\ln IPR$ 的系数为负，说明在中西部，这些制度对技术创新有负向影响，产业结构的优化程度、知识产权的保护力度还有待提升。

从各项子制度与其他制度的交叉项来看，$\ln MS \times \ln INS_{oth}$ 和 $\ln INDUS \times \ln INS_{oth}$ 的系数分别为 0.189 和 0.337，且均显著。说明只有和产业政策、金融支持及知识产权保护制度的良好结合，市场化改革制度才能对技术创新产生显著促进作用。同样，也只有和市场化改革、金融支持和知识产权保护制度相互结合，产业政策才能在优化产业结构、提升经济发展质量的同时，促进区域制造业技术创新。$\ln FINAN$ 和 $\ln IPR$ 的系数为负，而它们与其他制度的相乘项的系数却为正，即 $\ln MS \times \ln INS_{oth}$ 和 $\ln INDUS \times \ln INS_{oth}$ 为正（虽然不显著），这说明在其他制度的作用下，*FINAN* 和 *IPR* 对区域制造业技术创新由负向影响转为正向影响，这再次说明了各项制度之间相互融合、相互协调的重要性。

2. 小结

上一节考察了综合制度环境对区域制造业技术创新的影响，结论认为，综合制度环境的改善可以提升区域技术创新能力。本书认为，这并不代表构成综合制度环境的各项子制度也对技术创新有促进作用。鉴于此，本节基于各项制度相互协调的视角，再次检验了制度环境对区域制造业技术创新的影响。

本节的主要结论有：

第一，在对“所有地区”进行的回归分析中发现，虽然中国目前各项子制度单独对制造业技术创新无显著影响，但是，如果各项子制度与其他制度结合在一起，却能够显著促进区域制造业技术创新能力的提升。因此，中国要进一步推进制度建设，既要建设有利于技术创新的各项制度，也要注重不同制度之间相互融合、相互协调。

第二，在东部地区和中西部地区，各项制度对制造业技术创新的影响存在差异。在东部地区，市场化程度和金融深化程度对技术创新具有显著的促进作用，而在中国的中西部地区，金融深化程度对技术创新产生了负向影响作用。分地区的回归结果同样说明了不同制度之间相互融合、相互协调的重要性。

四、区域特征、FDI溢出、出口与技术创新

本节将重点考察开放环境下外商直接投资和出口对区域制造业技术创新的影响。本章第一节的理论部分在分析区域技术创新系统时，强调在全球化一体化日益加深的背景下，国外部门是区域技术创新系统的重要组成部分，因此一个地区的对外开放程度无疑会对制造业技术创新产生影响。那么，一个地区的开放程度对本地制造业技术创新影响如何？在一个地区中的FDI和出口的影响方向是相同的吗？各地区地理位置不同、消化吸收能力存在差异，制造业发展水平高低不等，制度环境也有好有坏，这些区域特征会导致FDI和出口对各地区制造业技术创新产生异质性的影响吗？本节的研究正是建立在这些问题的基础之上的。

1. 理论分析及模型的构建

本书第四章基于行业维度分析FDI溢出效应时已经提到，对于FDI对东道国技术创新的影响，目前理论界存在“促进论”和“抑制论”两种观点。在基于区域维度的相关研究方面，学者的观点也可以分为促进论和抑制论。

以Caves（1974）、Kokko（1994）为代表的学者很早时就肯定了FDI的正向溢出效应，认为FDI推动了东道国的技术创新，这一观念也得到了Campos和Kinoshita（2002）、Krammer（2009）、Girma等（2008）的验证。国内学者王税淇、彭良涛、蒋宁（2010）的研究也证实，FDI对区域技术创新具有显著促进作用。余秀江等（2010）分析了FDI对中国技术创新能力的影响，发现FDI虽然在短期抑制了自主创新行为，但是长期却对技术创新有促进作用。熊珍琴、肖新成（2013）研究了中部地区FDI对区域创新能力的影响，发现FDI对创新的直接影响为负，间接影响为正，总体影响为正。叶娇、王佳林（2014）基于吸引FDI最多的省份江苏省的分析发现，FDI对该省的技术创新存在显著的正溢出效应。

然而，Aitken 和 Harrison（1999）、Konings（2001）的研究结果却否定了 FDI 对技术创新具有促进作用的观点，他们认为 FDI 对东道国技术创新产生了抑制作用。Kathuria（2000）、Harris 和 Robinson（2004）认为 FDI 对东道国的技术创新并无明显的作用。李梅、谭力文（2009）研究了 FDI 对中国技术创新溢出的地区差异及门槛效应，发现在中国经济较发达的东南沿海地区，FDI 对技术创新具有促进作用；但是对于经济发展较慢的广大中西部地区，由于存在门槛效应，FDI 并没有体现出显著的促进作用，甚至对内蒙古、广西和河南的技术创新造成了不小的冲击。范承泽、胡一帆、郑红亮（2008）研究发现，FDI 对中国国内技术创新投入的净作用是负的；FDI 在提高国内企业效率的同时，也使很多企业产生了惰性，即只顾眼前利益，不愿自己做研发，造成了“FDI 对科技研发的替代”。

在出口对区域技术创新的影响方面，也同样存在两种不同的观点，一些学者认为出口促进了区域技术创新，而另外一些学者则认为，由于存在人力资本、经济发展水平等方面的门槛，出口对区域技术创新的影响并不显著。

毛其淋（2010）研究发现，进口贸易能够显著地促进中国技术创新。王税淇、彭良涛、蒋宁（2010）的研究证明，进出口贸易对区域技术创新能力呈现显著的正面影响。刘秀玲（2011）、曹玉平（2012）的研究表明，企业出口额对中国出口企业的技术创新具有显著促进作用。郄萌、韩树政（2013）发现对外出口额会促进高新技术企业的技术创新能力，但对不同类型的高新技术企业的作用存在显著差异。许培源、张华（2014）发现出口促进了福建省技术创新。余官胜（2011）基于联立方程组的研究发现，出口贸易和技术创新存在相互促进的关系，任何促进技术创新或出口贸易的政策都能够同时促进这两者的发展。郭艳、张群、吴石磊（2013）认为，由于中国吸收能力较差，出口的技术溢出效应为负。

持出口对技术创新无显著作用这一观点的学者如 Griffth（2000）、Benhabiband、Spiegel（2003）以及 Wang（2007），他们研究发现，由于存在门槛效应，因此只有当东道国的人力资本达到一定水平时，才会存在贸易的技术溢出效应。阚大学（2013）研究了市场化进程约束下对外贸易对内资企业技术创新的影响，结果表明只有当市场化指数大于 8.02 时，出口才会对内资企业技术创新带来正面影响；当这一值低于 8.02 时，出口对内资企业技术创新的影响则为负。

综上所述，目前理论界对 FDI、出口影响区域技术创新方面的研究大多通过实证分析来进行，而且基于不同行业、不同地区得出的结论也各不相同。然而，通过对现有文献的梳理发现，在区域维度的研究方面，大多数学者将研究的重点放在 FDI、出口对区域整体技术创新能力的影响方面，鲜有学者专门分析 FDI 和出口对区域制造业技术创新的影响，基于此，本节接下来将就这一问题进行详细分析，同时考察区域特征是否会导致 FDI、出口对不同地区制造业的技术创新产生异质性技术溢出。

基于以上分析，本书将分析 FDI、出口影响区域制造业技术创新的模型设定为：

$$Y = f(RD, RDP, FDI, EXPORT, \varepsilon) \tag{4.17}$$

式中，Y 表示制造业技术创新产出，同样用各地区制造业新产品销售收入来衡量；$f(x)$ 表示影响中国制造业区域技术创新的因素的函数集；RD 表示制造业规模以上企业的研发资本投入，用各地区制造业投资经费支出来衡量；RDP 表示研发人员投入，用各地区制造业研发人员全时当量来衡量；FDI 表示各地区外商直接投资额；$EXPORT$ 表示各地区出口额。

本书借鉴 Griches、Acs 和 Jaff 的研究框架（Griches，1990；Acs，2002；Jaff，2000），将分析模型设定为：

$$Y_{it} = A_{it} RD_{it}^{\beta_1} RDP_{it}^{\beta_2} \tag{4.18}$$

其中，$A_{it} = \lambda e^{f(FDI_{it}, EXPORT_{it}, \varepsilon_{it})}$　　(4.19)

将（4.19）式代入（4.18）式中，两边取对数，得到：

$$\ln Y_{it} = \beta_0 + \beta_1 \ln RD_{it} + \beta_2 \ln RDP_{it} + \beta_3 \ln FDI_{it} + \beta_4 \ln EXPORT_{it} + \varepsilon_{it} \tag{4.20}$$

（4.20）式是本节研究 FDI 和出口对区域制造业技术创新影响的基本模型，后文还会根据研究需求对其进行微小调整。

在数据的来源方面，各地区制造业新产品销售收入、研发资本投入和研发人员投入的数据均来源于各地区统计年鉴。其中 Y 用相关各地区工业品出厂价格指数进行平减；RD 表示指研发资本的存量，运用永续盘存法计算得出，计算方法在第四章中有介绍，在此不再赘述。FDI 和出口数据来自相关各年《中国统计年鉴》。由于 FDI 和出口的单位都是“万美元”，为了统一单位，先用各年平均汇率将其换算成以人民币“元”做单位，然后用GDP平减指数对其进行平减。

2. 实证结果及分析

（1）FDI、出口与区域制造业技术创新：地理位置不同的地区的检验

由于中国制造业分布呈东、中、西逐渐减弱的特征，这一总体分布特征也决定了制造业中FDI和出口的地区分布特征。中国制造业的FDI和出口主要集中在东部地区，如图4－3和图4－4所示。

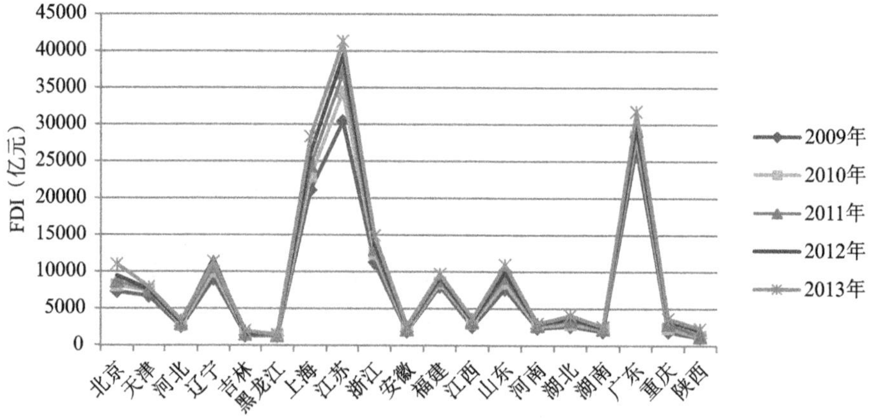

图4－3　2009—2013年部分省份吸收FDI规模情况

资料来源：2010—2014年《中国统计年鉴》。

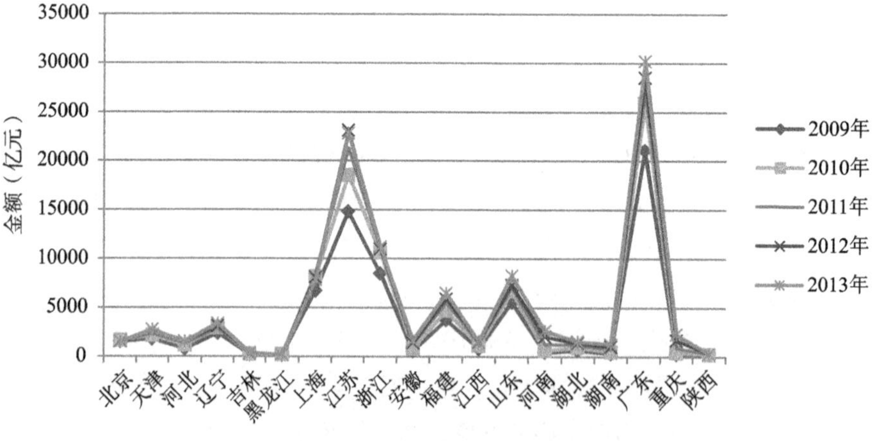

图4－4　各地区2009—2013年制造业出口情况

资料来源：2010—2014年《中国工业统计年鉴》。

从 FDI 的区域分布情况来看，总体而言，东部省份吸收 FDI 的规模远远高于中部地区。在东部地区中，江苏、广东、上海、浙江是中国吸收 FDI 最多的省份，2013 年 FDI 的总额分别达到 41270 亿元、31748 亿元、28360 亿元和 14889 亿元。其次，山东、福建、辽宁、北京等省份吸收 FDI 的规模也较大。而 2009—2013 年中、西部地区吸收 FDI 的规模均在 5000 亿元以下，与东部相差悬殊。

再从制造业的出口情况来看，也是东部地区制造业出口规模较大。2013 年，广东、江苏、浙江、山东、上海五省制造业出口交货值分别为 30205 亿元、22846 亿元、11223 亿元、8283 亿元和 7829 亿元。而大部分中部地区的制造业出口交货值不足 2000 亿元。

综上所述，制造业东部地区的 FDI 和出口规模都远高于中西部地区。那么，这不禁让人产生一个疑问：在 FDI 和出口规模大的东部地区，这两者对制造业技术创新的促进作用要高于中西部地区吗？带着这个疑问，本书对东部和中西部进行了对比研究。实证结果如表 4－9 所示。

表 4－9　外资出口对制造业技术创新的影响：东部和中西部的比较

变量	模型 1 所有地区	模型 2 东部地区	模型 3 中西部地区
C	8.428*** (9.335)	6.744*** (7.850)	11.506*** (6.416)
ln*RD*	0.199* (1.870)	0.341*** (3.457)	0.232* (1.826)
ln*RDP*	0.414*** (2.718)	0.248* (1.825)	0.535** (2.180)
ln*FDI*	−0.029 (−0.229)	0.074 (0.664)	−0.334 (−1.186)
ln*EXPORT*	0.183** (2.555)	0.235*** (3.145)	0.240** (2.012)
Adj − R^2	0.701	0.879	0.797
H 值	5.142	1.479	4.479
适用模型	RE	RE	RE

注：***、**、* 分别表示变量在 1%、5% 和 10% 的水平上显著。括号中的数字表示 *t* 值。FE 和 RE 分别表示固定效应和随机效应。后文所有表格中出现与此表相同的表达方式，除特别说明外，含义都与此表相同。*H* 值表示随机效应和固定效应检验的 Hausman 值。

从表4-9可以看出：FDI对区域制造业技术创新没有显著的影响。在模型1、模型2和模型3中，FDI的回归结果均不显著。FDI对“所有地区”和“中西部地区”制造业技术创新具有负向影响，但并不显著；FDI对“东部地区”制造业技术创新具有正向影响，ln*FDI*的系数为0.074，但也不显著。这说明无论在东部FDI规模大的地区，还是在中西部FDI规模相对较小的地区，FDI本身对制造业技术创新均无显著影响。

出口对区域制造业技术创新具有显著的正向影响。表4-9显示，模型1-3中，ln*EXPORT*的系数分别为0.183、0.235和0.240，且模型1和模型3中的回归结果通过了5%的显著性检验，模型2中的回归结果通过了10%的显著性检验。比较ln*EXPORT*的系数值可知，出口对东部、中西部制造业技术创新并不存在明显差异，出口规模每上升1%，区域制造业新产品销售收入就会增加0.2%。

从上表还可以看出，研发资本投入和研发人员投入均对区域制造业技术创新具有显著促进作用。这和上一节的分析得出的结果是一致的，因此不再赘述。

(2) FDI、出口与区域制造业技术创新：消化吸收能力不同的地区的检验

Liu等(2007)认为，当中国高技术产业本地企业具有较强技术消化能力时，外资企业的技术溢出效应就更显著。周长富、马景漫、杨阳(2011)研究发现区域消化吸收能力显著地影响了FDI对经济增长的促进作用，在做实证回归分析时，他们发现FDI这一变量本身并没有促进中国经济的增长，但FDI与消化吸收能力的交互项则促进了中国经济增长，这说明FDI对东道国发挥作用的前提是东道国具有较好的技术消化吸收能力。李晓钟、何建莹(2012)在分析FDI对中国高技术产业内资企业自主技术创新能力的影响时发现，内资企业较弱的技术消化吸收能力抑制了FDI对航空航天制造业正向技术溢出效应。宋来胜、苏楠(2013)的实证研究也表明消化吸收能力越强的地区，FDI的正向技术外溢效应越强，东部地区因为消化吸收能力较强，其接受的FDI外溢效应要远高于全国其他地区。

综合现有文献，本书发现，目前虽然有较多文献分析技术消化吸收能力强弱对外资技术溢出效应的影响，但鲜有文献从制造业区域维度展开研究。因此，本研究力图在这一方面有所突破。

本书根据各地区消化吸收和技术改造经费支出占制造业总产值的比重将研究中的19个省份按照消化吸收能力的不同划分为两组：消化吸收能力较强组和消化吸收能较弱组（见表4－10）。将消化吸收和技术改造经费支出占制造业总产值的比重在0.600以上的，划为消化吸收能力较强组；在0.600以下的，划为消化吸收能力较弱组。按照下表4－10中的排序，消化吸收能力较强组包括：湖南、陕西、黑龙江、北京、重庆、安徽、湖北、河北、江苏和天津10个省份；消化吸收能力较弱组包括：上海、浙江、辽宁、福建、江西、河南、吉林、山东和广东9个省份。

表4－10　19个省份消化吸收和技术改造经费支出占制造业总产值的比重

单位：%

地区	2009年	2010年	2011年	2012年	2013年	平均值	排名
北京	1.140	0.970	0.950	0.670	0.510	0.850	4
天津	1.030	0.670	0.550	0.490	0.330	0.610	10
河北	1.020	0.730	0.580	0.480	0.390	0.640	8
辽宁	0.868	0.589	0.560	0.364	0.344	0.545	13
吉林	0.740	0.220	0.400	0.340	0.250	0.390	17
黑龙江	1.325	1.239	1.027	0.802	0.548	0.988	3
上海	0.740	0.530	0.540	0.520	0.470	0.560	11
江苏	0.790	0.560	0.680	0.650	0.510	0.640	9
浙江	0.900	0.500	0.510	0.470	0.450	0.560	12
安徽	1.290	0.540	0.930	0.670	0.550	0.800	6
福建	0.610	0.380	0.450	0.420	0.420	0.460	14
江西	0.620	0.370	0.410	0.310	0.370	0.420	15
山东	0.470	0.420	0.370	0.320	0.300	0.380	18
河南	0.710	0.400	0.360	0.280	0.260	0.400	16
湖北	2.030	0.700	0.420	0.350	0.280	0.760	7
湖南	1.810	1.710	1.420	1.440	1.400	1.550	1
广东	0.310	0.240	0.220	0.260	0.260	0.260	19
重庆	1.280	0.710	0.640	0.690	0.720	0.810	5
陕西	1.820	1.110	1.010	0.610	0.460	1.000	2

资料来源：2010—2014年《中国工业统计年鉴》和《中国统计年鉴》。

分组之后，用 Eviews 7.0 进行回归，结果如表 4－11 所示。

表 4－11　FDI、出口与制造业技术创新：消化吸收能力不同的地区的检验

变量	模型 1 消化吸收能力较强的地区	模型 2 消化吸收能力较弱的地区
C	9.256*** (8.742)	7.254*** (4.810)
ln*RD*	0.256** (2.417)	0.353** (2.120)
ln*RDP*	0.515** (2.601)	0.300* (1.824)
ln*FDI*	0.042 (0.284)	0.030 (0.144)
ln*EXPORT*	0.232*** (2.784)	0.124 (0.987)
Adj－R^2	0.715	0.723
H 值	14.944	2.863
适用模型	FE	RE

注：***、**、* 分别表示变量在 1%、5% 和 10% 的水平上显著。括号中的数字表示 *t* 值。FE 和 RE 分别表示固定效应和随机效应。后文所有表格中出现与此表相同的表达方式，除特别说明外，含义都与此表相同。*H* 值表示随机效应和固定效应检验的 Hausman 值。

从表 4－11 的回归结果可以看出，FDI 对消化吸收能力强的地区和消化吸收能力弱的地区的制造业技术创新，均不存在显著促进作用。虽然模型 1 和 2 中 ln*FDI* 的系数均为正，但均不显著。

然而，出口变量在模型 1 和模型 2 中存在较大差异。在消化吸收能力较强的地区，该变量的系数为 0.232，且在 10% 水平上显著；而在消化吸收能力较弱的地区，该变量的系数仅为 0.124，且并没有通过显著性检验。该结果说明只有在技术消化吸收能力较强的地区，出口才能有效发挥其“示范效应”和“规模经济效应”，从而促进区域制造业技术创新能力的提升。

（3）FDI、出口与区域制造业技术创新：制度环境不同的地区的检验

早在 1950 年时熊彼特就指出，制度会影响技术变迁路径，因而对经济增长起着至关重要的作用。在研究“东亚奇迹”时，Huang 和 Xu（1999）指出，制度对技术创新具有重要推动作用，完善的制度环境意味着有效的要素配置和合理的激励机制，从而使得 FDI 技术溢出效应的传导渠道更加畅

通。此外，制度环境还会影响东道国对技术的消化吸收能力，进而影响 FDI 溢出效应的发挥。Borensztein 等（1998）通过实证研究发现，东道国的政治稳定程度、金融发展水平以及制度质量等对东道国的吸收能力有显著影响。国内学者申朴、刘康兵（2012）研究表明，中国市场化改革带来的制度质量的提升有效地促进了 FDI 技术溢出效率。苏楠、宋来胜（2012）研究发现，金融发展有利于 FDI 的技术溢出。胡立君（2014）研究发现，知识产权保护对 FDI 技术溢出效应存在“门槛效应”，知识产权保护水平不同，FDI 技术溢出的效果也不同。总体而言，随着知识产权保护力度的提升，FDI 对企业技术创新溢出作用越大。

综上所述，现有学者在研究制度变量对 FDI 技术溢出的影响时，大多数只研究其中某一个制度变量，如金融深化程度、市场化制度、知识产权保护力度等，较少综合研究不同的制度，并进行对比分析，且很少有学者以制造业为研究对象。基于此，本书接下来将以区域制造业为分析对象，分别研究综合制度及其子制度中的市场化程度、产业结构、金融社会程度以及知识产权保护力度对 FDI 技术溢出效应的影响，并对不同制度的影响进行对比分析。

通过面板数据回归，得到的结果如表 4－12 所示。

表 4－12　FDI、出口与区域制造业技术创新：不同制度对 FDI 溢出效应的影响

变量	模型 1 综合制度 (INS)	模型 2 市场化程度 (MS)	模型 3 产业结构 (INDUS)	模型 4 金融深化程度 (FINAN)	模型 5 知识产权保护 力度（IPR）
C	9.598*** (9.523)	8.651*** (8.876)	9.119*** (9.155)	8.480*** (9.817)	8.424*** (8.567)
ln*RD*	0.265** (2.578)	0.202* (1.878)	0.155* (1.711)	0.209** (2.021)	0.194* (1.760)
ln*RDP*	0.441*** (2.957)	0.404*** (2.604)	0.479*** (3.040)	0.415*** (2.840)	0.412*** (2.723)
ln*FDI*	-0.301 (-1.493)	-0.138 (-0.633)	-0.411 (-1.548)	-0.057 (-0.478)	-0.018 (-0.151)
ln*FDI*×ln*ZD*	0.122*** (2.438)	0.025*** (2.585)	0.078* (1.830)	0.013** (2.092)	0.002 (0.097)

续表

变量	模型1 综合制度（INS）	模型2 市场化程度（MS）	模型3 产业结构（INDUS）	模型4 金融深化程度（FINAN）	模型5 知识产权保护力度（IPR）
ln*EXPORT*	0.192 *** (2.740)	0.165 ** (2.143)	0.204 *** (2.807)	0.186 *** (2.650)	0.184 ** (2.572)
Adj - R^2	0.718	0.698	0.707	0.973	0.700
H 值	5.812	5.104	4.509	9.484	8.294
适用模型	RE	RE	RE	FE	RE

注："ln*FDI*×ln*ZD*"中的"*ZD*"表示制度变量。***、**、*分别表示变量在1%、5%和10%的水平上显著。括号中的数字表示 *t* 值。FE 和 RE 分别表示固定效应和随机效应。后文所有表格中出现与此表相同的表达方式，除特别说明外，含义都与此表相同。*H* 值表示随机效应和固定效应检验的 Hausman 值。

从表4－12可知，在回归模型1—5中，ln*FDI* 的系数全部为负，而且均不显著，前面的分析结果是一致的。但是与各制度变量的相乘项 ln*FDI*×ln*ZD* 的系数全部为正，且除了模型5"知识产权保护力度"之外，所有相乘项的系数均通过了显著性检验。这说明 FDI 不会自动促进区域制造业技术创新能力的提升，只有与良好的制度相结合，才能对区域制造业技术创新产生正向溢出效应。

在模型1—5的 FDI 与制度的交叉项中，综合制度对 FDI 溢出效应的促进作用最大。ln*FDI*×ln*INS* 的系数为0.122，且在5%水平上显著，表明 ln*FDI*×ln*INS* 每增加1%，会促进区域制造业新产品销售收入增加0.122%。这说明良好的制度环境是 FDI 发挥正向技术溢出效应的前提。

再从其他各项子制度来看，FDI 与产业结构的相乘项的系数最大，为0.078，表明 ln*FDI*×ln*INDUS* 每增加1%，区域制造业新产品销售收入将增加0.078%，产业结构的优化有利于促进 FDI 正向技术溢出效应的发挥。结合"产业结构"的具体衡量指标来看，本书用第三产业产值占 GDP 的比重和第三产业就业人数占总就业人数的比重来衡量"产业结构"，因此产业结构优化意味着第三产业产值及就业人数的比重上升和经济发展质量的提升。便捷的交通设施、高效的互联网系统以及完善的金融服务等将会促进本地企业吸收 FDI 的技术溢出。

FDI与市场化程度的相乘项的系数为0.025，表明 ln*FDI*×ln*INDUS* 每增加1%，区域制造业新产品销售收入将增加0.025%。说明提高一个地区的市场化程度，有利于该地区更好地吸收FDI的正向技术溢出效应。市场化程度越高，意味着交易成本更低、资源配置更高效、激励机制更加合理，从而使FDI技术溢出效应的传导渠道更加畅通。

金融深化程度的提高也会促进FDI的正向溢出效应的发挥。ln*FDI*×ln-*FINAN* 的系数为0.013。高效的金融系统为企业提供了良好的融资环境，不仅为当地的外资企业提供了充分的资金支持，同时也可以为本土企业提供充裕的资金进行设备的购置、技术的改造、企业之间的兼并和重组等，从而促进本土企业对技术消化吸收能力的提升，从而更有利于吸收FDI的正向溢出效应。

知识产权保护力度对FDI正向技术溢出效应的发挥也具有促进作用，ln*FDI*×ln*IPR* 的系数为0.002，但并不显著。此外，比较模型2－5中的相乘项可知，ln*FDI*×ln*IPR* 的系数最小，这说明现阶段知识产权保护力度的提升对FDI正向技术溢出的效应促进作用还比较微弱。这可能是由于现阶段中国知识产权保护的力度还不够，以至于不足以促进FDI的正向技术溢出。现阶段，中国公众知识产权意识不强，盗版等侵权行为时有发生，关于知识产权方面的法律纠纷也越来越多，中国知识产权保护环境的明显改善可能还需要很长时间。

第三节 区域维度制造业技术创新影响因素的理论总结

一、理论总结

本章基于区域维度构建了一个分析区域制造业技术创新的理论框架。首先，本章介绍了区域技术创新系统理论，认为在开放经济条件下，企业、政府部门、金融机构、中介机构等是区域技术创新系统的重要组成成分。基于此，本章接下来考察这些主体在区域技术创新中的作用。企业是技术创新的主体，一个地区的创新能力不仅受本地企业研发投入的影响，也受整个区域内所有企业的研发活动的影响。因此，本章首先运用空间计量回归模型，研究了一个地区的 R&D 投入、空间 R&D 溢出对该地区制造业技术创新能力的影响，结论是这两者都能促进区域制造业技术创新能力的提升。接着，本章通过“制度环境”变量来考察政府、金融机构等在技术创新中的作用。然后，分别基于“综合制度”的视角和“各项制度相互协调”的视角进行展开。结论发现，虽然综合制度环境有利于技术创新能力的提升，但各项制度对技术创新的促进作用并不显著，各项制度只有与其他制度的相互融合、相互协调才能发挥其对技术创新的促进作用。最后，本章通过外商直接投资和出口两个指标来衡量“国外部门”对技术创新的影响，并分析了地理位置、各地区消化吸收能力、制度环境等区域特征对 FDI 和出口溢出效应的影响，发现出口对区域制造业技术创新产生了正向溢出效应，FDI 对区域制造业技术创新虽无显著影响，但 FDI 与制度变量的相乘项却对技术创新有促进作用，这说明良好的制度环境是吸收 FDI 正向外溢效应的前提。

二、本章主要结论

第一，各地区制造业内 R&D 投入能够显著地促进该行业技术创新能力的提升；政府的科技支持对制造业技术创新有显著的促进作用，而政府的教育支持（EDU）对制造业技术创新并无显著影响。

第二，空间 R&D 技术溢出对提升本地区制造业技术创新能力有显著的正向影响；且技术溢出随着地理距离的拉长而呈现先上升后减弱的趋势；区域技术溢出在地理距离为 800 公里左右达到峰值，在 1400 公里之后变得非常微弱。区域 R&D 技术溢出效应的变化是由地理特征决定的。分析发现，东部沿海制造业发达地区，如江苏、广东、山东、浙江等地对中部地区制造业技术创新具有较强的技术溢出效应；而对东北地区的技术溢出非常微弱。因此，制造业技术创新能力较弱的中部地区应加强与东部沿海地区的交流，运用发达的互联网技术，尽可能与东部地区共享技术创新知识，突破地理上的局限，以增强对区域 R&D 技术溢出的吸收。

第三，出口通过“学习效应”和“规模经济效应”显著地促进了区域制造业技术创新。ln*Export* 的系数大约为 0.2，表明出口规模每上升 1%，制造业新产品销售收入就会增加 0.2%。然而，不论是在东部 FDI 规模较大的地区，还是在中西部 FDI 规模较小的地区，FDI 本身对制造业技术创新的均无显著影响，良好的制度环境是地区吸收 FDI 正向技术溢出的前提。

第四，总体而言，综合制度环境对技术创新有显著促进作用，各项子制度对技术创新并无明显的促进作用，有些还有负向影响。然而，各项子制度和其他制度的相乘项却对技术创新的影响为正，这说明不同制度之间相互融合、相互协调的重要性。

第五章

政策建议

第一节 加强技术创新资源的配置和管理

不管是基于行业维度还是基于区域维度的研究都表明，制造业内的 R&D 物质资本投入和 R&D 人员投入对技术创新具有显著的正向促进作用。基于此，作者结合中国制造业技术创新现状，现提出以下政策建议。

一、提高 R&D 经费投入力度和使用效率

本书的实证研究结果表明，R&D 物质资本投资对制造业技术创新具有显著的促进作用。在一定程度上，R&D 投入可以被看作是企业在其长期发展目标和短期效益之间的一种博弈，能否最终实现企业的长期发展目标，在很大程度上取决于企业研发投入的力度。

（1）建立合适的 R&D 投入机制

企业，特别是实力雄厚的大企业应加强自身 R&D 投入，并建立适合自身发展需要的 R&D 投入机制，如规定每年按提取主营业务收入的一定比例用于研发活动。技术创新的“阈值理论”认为，研发资源的投入只有达到一定水平，才会获得研发成果。然而，目前中国制造业各行业普遍存在研

发投入不足的问题。在本书所选的25个行业中，只有医药制造业，计算机、通信和其他电子设备制造业，专用设备制造业，交通运输设备制造业，电气机械和器材制造业以及通用设备制造这6个行业的R&D经费投入强度在1%以上，其他19个行业的经费投入强度在1%以下，特别是在农副食品加工业，皮革、毛皮、羽毛及其制品和制鞋业，木材加工和木、竹、藤、棕、草制品业，石油加工、炼焦和核燃料业加工业等行业，R&D投入强度均不足0.3%。而在日本、美国等技术创新能力强国，制造业R&D经费投入强度均在2%以上，这说明中国制造业的研发投入与发达国家还有较大差距。因此，要提升制造业技术创新能力，还需要加大研发投入力度。

（2）拓宽制造业中小企业的融资渠道

对制造业大型企业而言，其内部充足的资金流能够支持其对新产品的研发活动。然而，对于制造业中、小型企业而言，资金短缺是其进行研发活动时面临的最大问题。研发活动具有高风险性，因此中小企业在进行研发活动时往往比较谨慎，其自身并没有很强的研发动机和意愿，需要依靠政府给予一定的资金支持。为激励企业加大研发投入的积极性，政府可以设立创业和风险投资基金。在制造业中，劳动密集型的小企业尤其难以获得研发资金，针对这一现状，政府可以通过财政担保和贴息来帮助这些小企业获得银行贷款。中小企业根据自身的特点，推出恰当的金融产品。此外，银行贷款并不能够完全满足中小企业融资需求，因此应鼓励企业通过直接融资的方式获取资金。

（3）提高R&D经费的使用效率

据国家统计局、科学技术部和财政部联合发布的《2014年全国科技经费投入统计公报》显示，2014年中国R&D经费投入总额为13015.6亿元，同比增长9.9%，已经成为仅次于美国的世界上第二R&D经费投入大国[①]。然而，中国R&D经费使用效率不高。这一现状就可以解释为什么中国R&D经费投入排在世界前列，但是R&D能力却远远落后于发达国家了。同时也说明，在增加研发投资力度的同时，更重要的是采取措施着力提高研发经费的使用效率。

---

① 2014年中国研发经费投入同比增长9.9%效益待提升：http：//economy.gmw.cn/2015－11/23/content_17829531.htm.

通过合理配置基础研究、应用研究和开发研究三项间的投入比重，来加强对基础研究和应用研究的投入，促使研发费用投入具有持续效率，以产业链为基本着眼点，具体而言即向某一产业链上的龙头企业以及发展势头较好的新兴企业集中投入。通过对产业链和企业的选择性投入，力求在相对较短时间内形成产业链竞争力的整体突破，以提高研发费用的投入效率，增强企业的创新后劲。对于企业而言，则要加强自身管理，结合企业发展愿景和规划，坚持诚信经营、依法纳税，力争在业内树立良好的信誉，加强企业内部控制管理，制定全面、专业的研发方案，找准研发的着眼点，针对政府公布的研发资金资助范围，在充分结合企业自身发展前景的基础上，努力提升企业自身的竞争力，最大程度地提高研发费用在企业研发项目中的使用效率。

二、加快培育创新型人才

本书的实证研究表明，制造业中研发人员的投入对其技术创新具有显著促进作用。因此，除了R&D经费投入之外，要提高制造业技术创新能力，也要加快培训创新型人才。

(1) 在教育过程中重视培养创新型人才

教育体系为企业培养了大量人才，在19世纪与20世纪交替前后，美国和德国的技术创新水平超过了英国和法国，其中最重要的一个原因就是美、德的大学教育相比英、法的大学教育更注重结合产业需求。美国的高等教育注重创新型人才的培养，这种高等教育为其技术创新能力的提升提供了微观基础。近些年来，中国教育投入也在不断增加，较多地区教育经费支出占财政支出比重已达到20%（见表4-4）。然而，现行的应试教育并不利于创新型人才的培养，中国教育体制中行政特征比较明显，从学时的多少、专业的设置到课程的开设等，都需要得到教育主管部门的许可。本书的实证研究也表明，政府的教育经费支出对制造业技术创新能力的提升并无明显促进作用，这说明中国需要逐渐改善教育体制的缺陷，在教育过程中注重培养创新型人才。

(2) 强化在职学习和培训

全球制造业竞争格局正在进行深刻变革，竞争程度也会日益激烈。科技发展日新月异，新知识、新事物层出不穷。在这种大环境下，需要不断学习专业知识和提升专业素养，否则就有可能被时代淘汰。制造业企业要树立学习意识，强化在职员工的学习和培训，使其了解本行业最先进、最前沿的发展情况，不断学习本行业发展所需要技能，并鼓励员工通过“干中学”不断积累经验不断进行微小的创新。

（3）在企业内部营造良好的创新氛围

在企业的研发过程中，要在企业内部营造一种尊重和信任研发人员的良好氛围，让广大研发人员能够切身感受到来自企业的人文关怀。一方面，要在研发过程中激励研发人员不断超越、大胆创新，加强沟通和合作意识，形成极具凝聚力的研发团队，从而激发研发人员的创造潜能，充分发挥他们的创造力。另一方面，要在企业内部构建良好的创新文化和激励机制，强化研发人员的在职学习和培训，可以采取与高等学校、科研院所合作培养的方式来强化研发人员的专业理论知识，定期邀请知名专家、讲师到企业为研发人员讲授最新研究成果，拓展研发人员的视野，拓宽研究思路，夯实理论基础。

三、制定鼓励 R&D 投入的产业政策

第一，要充分利用好市场调研，制定鼓励企业研发投入的市场政策。政府通过政策制定，以达到引导企业关注中长期发展、激励企业加强研发能力的目的。

第二，加强政府财政税收体制改革，加大对企业进行科技研发活动的税收优惠力度，对于通过高新技术企业认定资格的企业实施一定比例的税收优待。这方面可以借鉴美国的做法，美国政府鼓励企业加大 R&D 投入，规定凡是增加研发经费投入的企业，均可享受相当于所增加经费的 20% 的退税。

第三，完善促进研发创新方面的法律法规。在现有《知识产权法》、《专利法》等法律的基础上，进一步完善相关的法律条文，针对最新的行业特点，细化相关规定，切实为企业研发投入提供强有力的法律保障，激励企业研发意向，保障企业技术转让、技术扩散在合理的区间内常态运行。

四、加强技术消化吸收能力

本书第四、五章的研究结果表明，消化吸收能力强的行业或地区对 FDI 或出口技术溢出效应的吸收能力更强。基于此，要加强各行业、各地区的技术消化吸收能力。

第三章分析指出，制造业内资企业中大部分行业技术消化吸收经费支出占技术引进与国内技术购买之和的比例为 0.4 以下（见表 3－4），而在日本、韩国等发达国家，这一比例在 1:3 左右，部分行业甚至高达 1:7，这说明中国制造业确实存在“重购买和引进，轻消化吸收”的现象，对购买或引进的项目消化吸收不足，严重制约了制造业自主技术创新能力的提升。这一现象是由一些企业的短视思维造成的。比起长远发展，他们更看重眼前利益，仅满足于技术引进带来的短期经济效益，不愿意在技术消化与吸收上投入财力与精力。目前，中国还是一个发展中国家，一部分企业还会在相当长的时间内对国外先进技术进行模仿。但技术模仿过程中，最忌讳单纯模仿和生搬硬套，必须重视消化吸收和再创新，以提高自主技术创新能力为最终目的（吴延兵，2011）①。加强企业的消化吸收能力，可以从以下两方面着手。

第一，制定促进“技术引进—消化吸收—再创新”方面的政策。如上海市制定了《上海中长期科学和技术发展规划纲要若干配套政策》和《上海市鼓励引进技术的吸收与创新规定》，这些政策的出台对企业的技术引进、消化吸收进行了较为全面系统的支持和引导（王笑，2014）。除此之外，还需要加强对再创新成果的知识产权保护力度，并对消化所引进的技术而进口的仪器设备等，给予一定的税收优惠，并设立“技术引进—消化吸收—再创新”专项资金，鼓励企业进行技术消化吸收再创新。

第二，设立行业“技术引进—消化吸收—再创新”协会。可以由该协会建立一个信息平台，旨在让行业内所有企业共享技术引进信息，并加强对国外先进技术的追踪，负责对整个行业技术引进及创新提供指导，减少

---

① 吴延兵．创新、模仿与企业效率：来自制造业非国有企业的经验证据［J］，中国社会科学，2011（4）：77－94.

盲目、重复和低水平引进，并尽量减少企业技术引进过程中的信息不对称问题。

第二节 提升制造业 FDI 引入质量

一、加强对 FDI 的政策引导

本书的实证研究表明，在制造业不同的行业及不同地区，FDI 的影响并不一致。FDI 对有些行业或地区的技术创新具有较显著的促进作用，而对有些行业或地区的技术创新却起到了抑制作用。因此，加强对外资的政策引导，引导外资企业对中国传统制造业及落后地区的制造业进行改造和调整。

第一，允许外资进入制造业垄断行业。垄断行业往往没有较强的技术创新的动力，外资企业进入制造业垄断行业，既可以加强垄断行业的市场竞争，促进制造垄断行业的产品和服务质量得到提升，又能够促进垄断行业整体技术水平的提升。

第二，允许外资企业参股国有制造业企业。一般而言，国有企业较民营企业更容易获得金融支持和人才支持，但其固有的行政垄断使多数国有制造业企业技术水平和管理水平都较为落后，在激烈的国际竞争中缺乏竞争力。允许并鼓励外资企业通过出资入股、收购股权、股权置换等方式参股国有制造业企业，通过外资企业对国有企业的并购，促使国有制造业企业改变原有的运营模式和管理机制，提升其技术创新能力。

第三，鼓励外资企业到中、西部进行投资。目前，中国制造业 FDI 主要集中在广东、江苏、福建、上海、山东等东部沿海地区，中部和西部地区的制造业相对较少。随着沿海地区产业结构的升级及制造业生产成本的上升，FDI 有逐步向中、西部地区转移的趋势。

二、在引进 FDI 时应强调技术含量

FDI 的高技术含量是其对东道国产生技术溢出的前提条件。然而，中国

以往吸引FDI时多采取一些较为优惠的政策，FDI的准入门槛比较低，并未将真正具有国际水平的技术引入国内，这导致FDI的正向技术外溢效应比较有限。另外，FDI的进入导致了中国企业对外资企业形成了技术上的依赖，降低了国内企业进行自主研发的意愿。FDI的投资主体往往是跨国集团或者公司，他们一般不会轻易将核心技术转移到国内，他们转移的往往是全球价值链中的低技术环节，这样的FDI其实对国内制造业的发展并无真正的促进作用，不能从根本上提升国内制造业企业的核心竞争力。

在新常态下，国内制造业在FDI的引进过程中应该更加注重从根本上推动国内技术的开发与应用，吸引高端技术行业的外资并引导其对国内制造业技术市场作出其应有的贡献，提高国内制造业企业的技术含量，充分发挥FDI的技术溢出效应，以技术二次创新为契机促进制造业的发展，促进制造业技术创新能力的提高。

三、鼓励跨国公司在中国设立研发机构

本书的实证研究结果表明，FDI对制造业的正向技术溢出效应主要集中在制造业外资企业中，而对内资企业技术创新产生的正向技术溢出效应并不显著。另外，实证研究也表明，在制造业外资企业中，R&D物质资本投入对技术创新的促进作用并不显著。本书认为，外资企业的核心研发部分往往在总部进行，分（子）公司往往只承接生产工艺和产品当地化的技术调整与改良部分。跨国企业研发活动的这种区位分工导致了其对内资企业的技术溢出作用并不显著。因此，鼓励跨国企业在中国设立研发机构，可以促进中国企业更好地吸收跨国企业技术创新的外溢效应。

鼓励跨国公司通过与国内高校、研发机构或企业合资的方式建立技术联盟，给国内制造业企业可以参与跨国公司的科研项目创造机会。这样做一方面将有助于国内企业及时获取技术升级方面的消息，更快更好地学习国外先进技术，提升中国制造业技术创新水平；另一方面，也有助于国内企业学习国外企业先进的制度或管理经验，推动中国企业进行制度创新或管理创新。

第三节 以制度创新促进技术创新

本书的实证研究结果表明，包括市场化程度、产业结构、金融深化程度以及知识产权保护力度在内的综合制度环境的改善对制造业技术创新具有显著的促进作用。因此，要提升中国制造业技术创新能力，需要进一步改善制度环境，并重视各项制度之间的融合与协调，达到以制度创新促进技术创新的目的。结合书中的分析结论，本书认为应从以下几个方面来进行制度创新：

一、深化市场化改革

市场化改革不到位带来的结构性体制矛盾是中国企业技术创新能力不强的深层次原因。国有企业较容易获得技术创新所需要的资金和人才，但因行政垄断难以形成对技术创新的有效激励；民营企业本应成为技术创新的主力军，但往往得不到技术创新所需要的资金和人才。因此，要推动制造业企业技术创新，就要继续深化市场化改革，逐渐打破国企的行政垄断。

(1) 明确区分国有企业的公共行为和市场竞争行为

从性质上看，国有企业可以分为公共企业和竞争性企业两类。前者可以享有某些行政特权，但不能参与市场竞争；后者可以与民营企业进行公平竞争，但前提剥离各种行政特权。通过这种划分，打破国有企业的行政垄断，减少因其导致的市场效率和公平竞争双双受损的局面，使民营企业与国有企业之间进行公平的竞争。

(2) 使更多的国有企业进入具有公益性质的公共产品领域

一方面，使国有企业尽可能少地进入私人产品领域，转而进入如医疗、教育、社会保障、基础设施建设等公共产品领域，为民营企业的技术创新提供良好的外部环境。这类具有公共企业性质的国有企业与民营企业之间是一种合作互补关系。这类国有企业并不以盈利为目的，仍享有信贷、税收、土地等方面的优惠和行政特权，其运作方式受到政府的监管和社会监督。另外，在提供公共产品的过程中，也要逐渐放开竞争性业务，推进公共资源配置的市场化，尽可能多地打破行政垄断。

(3) 取消竞争性国有企业的各种行政特权，使其与民营企业进行公平竞争

国家基于产业政策方面的考虑，会使一些国有企业仍留在竞争性领域。对于这类竞争性国有企业，应取消各种超经济的行政特权。一方面，要取消竞争性国有企业的行政级别以及在土地、税收及信贷方面的享有的特殊优惠政策；另一方面，对竞争性国有企业和民营企业实施同样的监管规则，让其接受市场优胜劣汰的考验，对其破产的处理方式与民营企业相同。

二、推进金融市场创新

推进金融市场创新，更好地为企业特别是中小企业的研发活动提供资金支持。熊彼特认为，技术创新是一项具有较强不确定性的活动，企业进行技术创新的前提是具备相当的抗风险能力，因此构成了对中小企业进行技术创新活动的制约，即“熊彼特约束”。在发达国家，一些中小企业凭借着较强的人力资本和较完善的资本市场进而可以不受“熊彼特约束”的限制进行技术创新，而在中国，中小企业进行技术创新活动受到的“熊彼特约束”较为明显。中国现行的资本市场政策及货币政策具有大型企业及国有企业导向性，中小企业很难通过银行体系及资本市场获得技术创新所需的资金。此外，当人力成本上升时，中小企业进行技术创新将面临更大的成本压力，这就导致了中小企业极少会进行自主创新，而是选择跟随行业内的大型企业或垄断企业进行技术方面的模仿与跟进，从而导致其技术创新能力较大型企业要低。因此，金融市场改革应将重点放在给中小企业技术创新活动提供融资方面。

(1) 积极鼓励新型网络金融形势，拓宽中小企业融资渠道

目前，中小企业无法通过直接融资渠道获得资金，银行系统成了中小企业的主要融资途径。然而，大型银行在中国银行体系中占绝对优势，中小型银行发育不完善。因此，降低民营资本进入银行业的门槛，大力支持中小金融机构的发展是解决中小企业融资难的有效方式。在这方面比较成

功的案例是阿里巴巴的“阿里小贷”融资平台，该平台基于对数据的分析，对中小微企业、个体工商户甚至是个人提供贷款，从 2010 年 6 月至 2014 年 2 月，累计为 70 万家中小微企业发放贷款 1000 亿元，很大程度上满足了中小微企业的融资需求[①]。

（2）设立科技银行或科技小额贷款公司，专门为中小企业技术创新提供资金支持

科技银行不同于传统的商业银行根据流动性、效益性和安全性原则向客户发放贷款，其主要借助风险投资，为高科技中小企业提供贷款。2012 年中国首家科技银行“浦发硅谷银行”在上海成立。科技小额贷款公司则是主要为科技型中小企业提供贷款、融资担保等服务的股份有限公司或有限责任公司，其资金主要来源于自然人、企业法人及其他社会组织，通过对金融资源的合理有效配置，促进新能源、环保低碳、电子信息技术、新材料等领域的科技型中小企业进行技术研发活动。

（3）完善科技保险服务，降低研发活动的风险性

科技保险的目的是为了规避由于企业技术创新过程中各种不确定性导致研发失败所造成的损失。目前，中国科技保险存在政策引导不力、专业人才短缺、保险公司本身科技含量不足等问题，阻碍了科技保险为企业技术创新提供风险保障功能的发挥。因此，一方面，政府需要加强引导，提高对科技保险的扶持力度，并落实税收优惠、补贴等的具体实施细则。另一方面，要鼓励有实力的保险公司在保险产品上进行创新，为企业技术创新活动中涉及的研发项目、研发人员等提供风险保障。另外，在推广科技保险的过程中，还需要控制道德风险，防范一些投保企业盲目追求高收益而忽视高风险，提高保险公司经营的稳定性。

三、加强知识产权保护

知识产权保护是鼓励技术创新的重要手段，在缺乏知识产权制度的保护下，创新者的收益不能得到保证，因而会抑制创新行为。

---

① 中国社会科学院工业经济研究所：2014 中国工业发展报告［M］. 北京：经济管理出版社，2014.

总体而言，中国的知识产权制度仍有待完善，自主知识产权水平和拥有量不高；企业运用知识产权的能力较弱，公众的知识产权保护意识比较淡薄；侵犯知识产权的案件时有发生，知识产权滥用现象层出不穷，知识产权保护制度对经济社会发展的促进作用还没有得到完全发挥。卢现祥（2014）认为，“缺乏知识产权保护的法制环境与发明创新人对自己权益保护的努力不够共同弱化了我国创新的制度环境。”[①] 因此，加强知识产权保护，须强化政府和企业的作用。

一方面，政府要完善知识产权保护的法律体系，营造良好的知识产权保护环境。增强《中华人民共和国专利法》、《中华人民共和国商标法》、《中华人民共和国著作权法》等相关法律的可操作性和可实施性。加大罚款补偿力度，大幅提高知识产权侵权成本，有效打击知识产权侵权行为，切实保护知识产权所有者的合法权益。改善诉讼制度，建立专门受理制度，实行专属管辖化，确保知识产权诉讼和专业技术性案件的审理。改善专利审查制度，开发专利审查的新技术，提升专利审查人员的专业素质。另外，政府也要加强对公众的宣传教育工作，增强全民的知识产权保护意识。

另一方面，企业要提高知识产权意识，要认识到知识产权是企业核心竞争力的来源。企业要把知识产权的创造、占有、运用和保护纳入到企业技术创新和生产经营的各个方面，积极对创新成果进行专利申报，以加强自身的竞争力。在具体措施上，企业在提高自身产品质量和技术含量的同时，可以通过修改外观设计，充分利用具有魅力的设计和品牌，着力提高品牌价值。此外，企业也要注重对员工，尤其是技术员工进行知识产权方面的培训，以形成一个良好的知识产权保护氛围。

---

① 卢现祥. 中国自主创新的困难在哪里？——对科斯“中国之问”的探讨［J］. 广东社会科学，2014，06：6－16.

第六章

主要结论及研究展望

第一节 主要结论

通过对中国制造业技术创新现状及影响因素的实证分析，本书得出了以下主要结论：

第一，中国制造业总量规模位居全球第一，制造业增加值占GDP的比重在30%以上。但是，中国制造业的技术创新水平远远落后于发达国家，其依靠劳动力、自然资源大量投入的粗放型发展方式使中国制造业产品附加值低，一直处于全球价值链的底端，国际竞争力不足。在全球制造业竞争格局发生重大调整的背景下，以技术创新推动该行业发展，增强制造业自主技术创新能力，是提高中国制造业国际竞争力的必然选择。

第二，以企业为主体的R&D投入（包括R&D物质资本投入和研发人员投入）对制造业技术创新具有显著的正向促进作用；而且总体而言，R&D物质资本投入比R&D人员投入对技术创新的促进作用更强。这说明在中国制造业内，研发人员投入是低效的。实证研究还表明，内资企业自身的R&D投入与整个制造业行业中的国内技术购买、技术引进存在显著的互补关系，即后两者是内资企业R&D活动的有益补充，能够显著促进制造业内资企业技术创新能力的提升；但是内资企业自身R&D活动与外资企业的研发投入不但不存在互补关系，还存在相互替代关系，尽管这种替代比较微弱。这说明制造业外资企业在进行本土化研发活动时，与内资企业存在激烈的市场竞争关系。

第三，消化吸收能力的提高可以显著提升制造业技术创新能力。不论是基于行业维度的研究，还是基于区域维度的研究都表明：在技术消化吸收能力强的行业或地区，国内技术购买、技术引进及 FDI 的正向技术外溢作用都更加明显。因此，在进行技术引进的同时，更应注重对技术的“消化—吸收—再创新”，真正发挥技术引进对制造业技术创新及自主技术创新的促进作用，避免掉进“引进—落后—再引进—还是落后”的陷阱。

第四，空间 R&D 技术溢出对提升本地区制造业技术创新能力有显著的正向影响，且技术溢出随着地理距离的拉长而呈现先上升后减弱的趋势，区域技术溢出在地理距离为 800 公里左右达到峰值，在 1400 公里之后变得非常微弱。区域 R&D 技术溢出效应的变化是由地理特征决定的。分析发现，东部沿海制造业发达地区，如江苏、广东、山东、浙江等地对中部地区制造业技术创新具有较强的技术溢出效应，而对东北地区的技术溢出非常微弱。因此，制造业技术创新能力较弱的中部地区应加强与东部沿海地区的交流，运用发达的互联网技术，尽可能与东部地区共享技术创新知识，突破地理上的局限，以增强对区域研发技术溢出的吸收。

第五，制度环境对一个地区制造业技术创新起着非常重要的促进作用。提高技术创新能力，离不开良好的制度环境保障。总体而言，综合制度环境对技术创新有显著促进作用，各项子制度对技术创新并无明显的促进作用，有些还有负向影响。然而，各项子制度和其他制度的相乘项却对技术创新的影响为正，这说明不同制度之间相互融合、相互协调的重要性。

此外，从政府的经费支持来看，科技经费支出力度的加大有利于促进制造业技术创新的提升，但是教育经费支出力度的加大对制造业技术创新并没有产生较为显著的促进作用。

第六，FDI 对制造业技术创新存在双重异质性溢出效应：对制造业内、外资企业存在异质性技术溢出，对内资企业不同行业也存在异质性技术溢出。一方面，FDI 对制造业总体的技术创新具有显著的促进作用，但对内资企业技术创新的影响却并不显著，这说明制造业内 FDI 的正向溢出效应主要表现在外资企业内部。外资企业的进入无疑侵占了内资企业的市场空间，降低了后者进行技术创新活动的动力和边际收益，从竞争角度看不利于提升内资企业技术创新能力。另外，由于国内制造业技术创新水平相比国外制造业（或者说外资企业）技术水平还有很大差距，外资进入国内市场对内资企业造成的竞争压力较大的同时，对后者形成的示范效应也非常有限。另一方面，制造业内资企业的不同行业中 FDI 的技术外溢效应存在较大差别。FDI 的流入对制造业内资企业中一部分行业产生了正向技术溢出，但也对一些行业并没有产生较好的技术溢出效果，甚至出现了负的技术溢出效应。制造业各行业的特征，如各行业中内、外资企业平均规模的差异、行业集中度的大小、对外开放程度的高低等是造成 FDI 对不同行业产生异质性技术溢出的原因。

第二节　不足之处和研究展望

迄今为止，还没有文献像本书一样基于行业和区域“双维度”的角度对制造业技术创新的影响因素进行系统分析。新的尝试难免会疏漏。由于数据缺失及研究水平方面的局限，本书主要存在以下两点不足之处：

第一，在研究区域技术创新的影响因素时，由于缺乏西部地区（除重庆、陕西之外）的制造业研发资本投入、研发人员投入及新产品销售收入等数据，因此，本书未能对西部地区制造业技术创新的影响因素进行深入研究，更不谈将其与东、中部进行对比研究。虽然西部地区制造业产值较小，占全国制造业总产值的比重仅为12.38%（2013 年的数据，详见第二章的分析），但随着东部沿海地区制造业生产成本的逐渐上升，中国制造业从东部向中西部转移的趋势越来越明显。因此，若数据可得，研究西部地区制造业技术创新的影响因素，并将其与东部、中部进行对比研究，具有较大的现实意义。

第二，由于本书认为提高中国制造业技术创新的关键在于提升制造业内资企业的技术创新能力，因此在基于行业维度的分析中，着重分析了内资企业技术创新的影响因素，并分析了内、外资企业在技术创新上的相互影响。但是在基于区域维度进行分析时，由于数据缺失原因，未能分析细分不同所有制企业技术创新的影响因素，而是将其视为一个整体进行研究，导致得出的结果与基于行业维度得出的结果的可比性不足。

在未来的研究中，一方面，可以建议统计部门补全上述两方面的数据资料，在此基础上补全上面两点不足；另一方面，在行业维度和区域维度，本书分别利用制造业 2 位码大类行业和省（直辖市）的数据，若能运用更加细分的数据，如 3 位码的中类以及 4 位码的小类行业和地市级的数据，会使研究结论更加细致，从而更加具有指导意义。

参考文献

[1] 艾琳，刘春雨．科技创新驱动经济转型发展的思考［J］．宏观经济管理，2013（12）：28－30.

[2] 彼得·德鲁克．管理——任务、责任、实践［M］．孙耀君，译．北京：中国社会科学出版社，1987.

[3] 曹琪格，任国良，骆雅丽．区域制度环境对企业技术创新的影响［J］．财经科学，2014（1）：71－80.

[4] 曹玉平．出口贸易、产业空间集聚与技术创新——基于20个细分制造业面板数据的实证研究［J］．经济与管理研究，2012（9）：73－82.

[5] 陈建勋，武治印．转轨国家技术创新效率的评价——基于转轨国家技术创新数据的经验分析［J］．财经科学，2012（3）：33－41.

[6] 陈金波．企业技术创新的内部影响因素——对河南省261户重点企业的实证研究［J］．经济管理，2010（6）：151－157.

[7] 戴勇．传统制造业转型升级路径、策略及影响因素研究——以制鞋企业为例［J］．暨南学报（哲学社会科学版），2013（11）：57－62.

[8] 单婷婷，史安娜．产业集群企业技术创新能力影响因素的实证研究［J］．统计与决策，2014（11）：186－188.

[9] 道格拉斯·C. 诺斯．制度、制度变迁与经济绩效［M］．上海：上海三联书店，2008.

[10] 道格拉斯·诺斯，罗伯托·保尔·托马斯：西方世界的兴起：新经济史［M］．张炳九，译．北京：北京学苑出版社，1998.

[11] 道格拉斯·诺斯，等．财产权利与制度变迁——产权学派与新制度学派译文集．上海：上海三联书店，1994.

[12] 哈罗德·德姆塞茨．经济发展中的主次因素［M］//科斯，诺

斯，等．制度、契约与组织：从新制度经济学角度的透视．刘刚，冯．北京：经济科学出版社，2003.

[13] 德勤全球制造业小组，美国竞争力委员会．2013 全球制造业竞争力报告 [M]．2013.

[14] 邓路．基于技术创新视角的高技术产业发展战略研究 [D]．南开大学，2010.

[15] 杜志雄，肖卫东．农村中小企业技术创新绩效影响因素的实证分析 [J]．中国社会科学院研究生院学报，2012 (2)：34-41.

[16] 樊纲，王小鲁，朱恒鹏．中国市场化指数：各地区市场化相对进程 2011 年报告 [M]．北京：经济科学出版社，2011.

[17] 范承泽，胡一帆，郑红亮．FDI 对国内企业技术创新影响的理论与实证研究 [J]．经济研究，2008 (1)：89-102.

[18] 范群林，邵云飞，唐小我．环境政策、技术进步、市场结构对环境技术创新影响的实证研究 [J]．科研管理，2013，34 (6)：68-76.

[19] 范群林，邵云飞，唐小我．中国 30 个地区环境技术创新能力分类特征 [J]．中国人口·资源与环境，2011，21 (6)：31-36.

[20] 冯根福，张玉超，温军．中国主板、中小板、创业板上市公司的技术创新能力比较分析 [J]．当代经济科学，2013，35 (6)：109-115.

[21] 高远帆，张建辉．基于 CCA-DEA 的山西装备制造业技术创新效率比较研究 [J]．科技管理研究，2012 (20)：93-97.

[22] 谷炜，杜秀亭，卫李蓉．基于因子分析法的中国规模以上工业企业技术创新能力评价研究 [J]．科学管理研究，2015，33 (1)：84-87.

[23] 顾晓燕，刘丽．知识产权贸易对中国高新技术产业技术创新的影响 [J]．经济问题探索，2014 (12)：50-54.

[24] 顾新．区域创新系统论 [D]．四川大学，2002.

[25] 郭国峰，温军伟，孙保营．技术创新能力的影响因素分析——基于中部六省面板数据的实证研究 [J]．数量经济技术经济研究，2007 (9)：134-142.

[26] 郭庆然．中国制造业结构变动研究 (1953-2011) [M]．北京：人民出版社，2014.

[27] 郭淑芬，张清华，黄志建．基于负二项式模型的公共政策对新能源技术创新的影响研究［J］．经济体制改革，2015（1）：136－140.

[28] 郭艳，张群，吴石磊．国际贸易、环境规制与中国的技术创新［J］．上海经济研究，2013（1）：122－129.

[29] 胡义东，仲伟俊．高新技术企业技术创新绩效影响因素的实证研究［J］．中国科技论坛，2011（4）：80－85.

[30] 黄鲁成．关于区域创新系统研究内容的讨论［J］．科研管理，2000，21（5）．

[31] 黄满盈，邓晓虹．中国工程机械制造业转型升级影响因素研究——基于上市公司的经验证据［J］．改革与战略，2013，29（4）：91－97.

[32] 蒋殿春，张宇．经济转型与外商直接投资技术溢出效应．经济研究，2008（7）．

[33] 蒋兰陵．异质的所有制结构、FDI的技术效率溢出和制造业技术创新［J］．国际经贸探索，2013，29（2）：34－44.

[34] 阚大学．对外贸易、市场化进程与内资企业技术创新——基于省级大中型工业企业面板数据的实证研究［J］．中央财经大学学报，2013，10：57－62.

[35] 孔伟杰．制造业企业转型升级影响因素研究——基于浙江省制造业企业大样本问卷调查的实证研究［J］．管理世界，2012（9）：120－131.

[36] 李廉水．中国制造业发展研究报告2014［M］．北京：北京大学出版社，2015.

[37] 李璐，朱洪兴，单奎．基于SFA模型和Mulmquist指数的河南省区域技术创新效率分析［J］．科技管理研究，2014（9）：49－55.

[38] 李梅，谭力文．FDI对中国技术创新能力溢出的地区差异和门槛效应检验［J］．世界经济研究，2009（3）：68－75.

[39] 李苗苗，肖洪钧，傅吉新．财政政策、企业R&D投入与技术创新能力——基于战略性新兴产业上市公司的实证研究［J］．管理评论，2014（8）：135－144.

[40] 李牧南，周俊峰，朱桂龙，梁雪梅．广东专业镇技术创新效率评价——基于DEA和问卷实证的双重视角［J］．科学学研究，2015，33

(4): 627 - 640.

[41] 李平，田朔，刘延华. 贸易壁垒对中国技术创新的影响——兼论政府的作用发挥 [J]. 国际贸易问题，2014 (2): 105 - 114.

[42] 李晓钟，何建莹. FDI 对中国高新技术产业技术溢出效应分析 [J]. 国际投资与跨国经营，2012 (7): 87 - 95.

[43] 李长青，姚萍，董文丽. 中国污染密集型产业的技术创新能力 [J]. 中国人口·资源与环境，2014, 24 (4): 149 - 156.

[44] 李长青，周伟铎，姚星. 中国不同所有制企业技术创新能力的行业比较 [J]. 科研管理，2014, 35 (7): 75 - 83.

[45] 廖家财. 外国专利遏制战略对中国电子信息产业出口竞争力的影响 [J]. 经济问题探索，2009 (4): 66 - 69.

[46] 林进智，郑伟民. FDI 促进内资技术创新产出溢出效应的实证研究 [J]. 科研管理，2013, 34 (11): 27 - 35.

[47] 林洲钰，林汉川. 中国制造业企业的技术创新活动——社会资本的作用 [J]. 数量经济技术经济研究，2012 (10): 37 - 50.

[48] 刘昌年，马志强，张银银. 全球价值链下中小企业技术创新能力影响因素研究——基于文献分析视角 [J]. 科技进步与对策，2015, 32 (4): 57 - 61.

[49] 刘康兵，申朴素，刘荣华. 所有制差异、FDI 与技术创新——来自中国省级水平的经验证据 [J]. 复旦学报，2011 (3): 97 - 106.

[50] 刘帅. 二元经济转型中技术创新效应分析 [D]. 辽宁大学博士论文，2014.

[51] 刘秀玲. 中国出口企业技术创新特性与影响因素研究 [J]. 国际商务（对外经济贸易大学学报），2011 (6): 100 - 111.

[52] 卢现祥. 新制度经济学 [M]. 武汉：武汉大学出版社，2013.

[53] 马富萍，茶娜. 环境规制对技术创新绩效的影响研究——制度环境的调节作用 [J]. 研究与发展管理，2012, 24 (1): 60 - 67.

[54] 迈克尔·波特. 竞争优势 [M]. 北京：华夏出版社，2002.

[55] 毛其淋. 进口贸易对中国技术创新能力提升的影响效应——基于动态面板数据 GMM 方法的经验分析 [J]. 财经科学，2010 (4):

94－101.

［56］欧绍华，胡玉松．基于系统动力模型的企业技术创新动力要素研究［J］．经济经纬，2015（4）：109－113.

［57］庞金玲，李瑞洲．纺织产业转型与技术创新：国际借鉴与启示［J］．改革，2010（2）：29－35.

［58］綦良群，李兴杰．区域装备制造业产业结构升级机理及影响因素研究［J］．中国软科学，2011（5）：138－147.

［59］郄萌，韩树政．中国企业技术创新行为及影响因素研究［J］．科学管理研究，2013，31（4）：76－79.

［60］任淑荣．基于熵值法的企业技术创新能力区域差异研究［J］．统计与决策，2014（16）：178－181.

［61］沙文兵．技术差距、FDI知识溢出与内资企业创新能力——基于中国高技术产业的实证检验［J］．经济经纬，2013（3）：58－62.

［62］邵云飞，唐小我，陈光．中国区域技术创新能力的线性实证分析［J］．管理评论，2006，4（18）：14－23.

［63］盛亚，孔莎莎．中国知识产权政策对技术创新绩效影响的实证研究［J］．科学学研究，2012，30（11）：1735－1740.

［64］宋来胜，苏楠．中国FDI技术溢出效应及其市场化进程的影响——基于GMM的实证研究［J］．科技管理研究，2013（8）：213－217.

［65］宋跃刚，杜江．制度变迁、OFDI逆向技术溢出与区域技术创新［J］．世界经济研究，2015（9）：60－74.

［66］苏屹，姜雪松．基于灰靶理论的区域高技术企业技术创新能力的实证分析［J］．贵州社会科学，2015（2）：119－125.

［67］王剑锋，邵云飞，唐小我．四川省区域技术创新能力现状分析［J］．软科学，2006，20（4）：103－107.

［68］王俊．跨国外包体系中的技术溢出与承接国技术创新［J］．中国社会科学，2013（9）：108－127.

［69］王千里．FDI、高端装备制造业与增长路径——基于在华FDI对中国装备制造业技术创新影响的实证分析［J］．亚太经济，2012（5）：85－90.

［70］王群伟，杭叶，于贝贝．新能源企业技术创新的影响因素及其交互关系［J］．科研管理，2013（34）：161－166.

［71］王维．全球视角下的中国工业转型升级制约因素分析［J］．亚太经济，2012（4）：66－70.

［72］王文普，陈斌．环境政策对绿色技术创新的影响研究——来自省级环境专利的证据［J］．经济经纬，2013（5）：54－59.

［73］王志鹏，李子奈．外资对中国工业企业生产效率的影响研究［J］．管理世界，2003（4）：17－25.

［74］尉建文，刘波．“老字号”企业技术创新影响因素的实证分析［J］．广西民族大学学报（哲学社会科学版），2015，37（1）：72－76.

［75］温丽琴，卢进勇，马锦忠．FDI对中国高技术产业技术创新能力的影响研究——基于行业面板数据的实证研究［J］．经济问题，2012（8）：33－36.

［76］文豪，张敬霞，陈中峰．中国的知识产权保护与技术创新——基于行业特征的实证分析［J］．宏观经济研究，2014（11）：69－76.

［77］乌兰，伊茹．中国西部地区大中型工业企业技术创新效率评价［J］．中央财经大学学报，2013（10）：86－90.

［78］吴进红，吴青蔚．制造业升级的影响因素研究——基于江苏省制造业面板数据的实证［J］．扬州大学学报（人文社会科学版），2013，17（6）．

［79］吴晓波，张超群，窦伟．中国转型经济中技术创新与经济周期关系研究［J］．科研管理，2011，32（1）：1－8.

［80］吴延兵．不同所有制企业技术创新能力考察［J］．产业经济研究，2014（2）：53－64.

［81］吴延兵．自主研发、技术引进与生产率［J］．经济研究，2008（8）：52－62.

［82］项本武．中国工业行业技术创新效率研究［J］．科研管理，2011，32（1）：10－14.

［83］谢子远．国家高新区技术创新效率影响因素研究［J］．科研管理，2011，32（11）：52－58.

［84］熊珍琴，肖新成．中部地区FDI、技术溢出与区域创新能力——

基于结构方程模型的实证研究［J］．福建论坛·人文社会科学版，2013（12）：108－113.

［85］许敏，谢玲玲．基于DEA的中国大中型工业企业技术创新效率评价研究［J］．科学管理研究，2012，30（3）：74－76.

［86］许培源，张华．福建省技术创新能力的影响因素——基于贝叶斯模型平均方法的研究［J］．东南学术，2014（1）：124－133.

［87］杨飞．制度质量与技术创新——基于中国1997－2009年制造业数据的分析［J］．产业经济研究，2013（5）：93－103.

［88］杨海洋．德国制造业优势产生并保持的原因分析［J］．改革与战略，2013（1）：118－121.

［89］杨树青，李良臣，张帆听，葛虹．泉州制造业转型升级影响因素及策略研究［J］．科技管理研究，2014（6）：126－132.

［90］杨杨，曹玲燕，杜剑．企业所得税优惠政策对技术创新研发支出的影响——基于中国创业板上市公司数据的实证研究［J］．税务研究，2013（3）：24－28.

［91］姚平，姜曰木．技术创新、制度创新与资源型城市产业转型——基于生命周期的视角［J］．科研管理研究，2012，30（6）：1－4.

［92］姚平，姜曰木．资源型城市产业转型与实现路径分析——基于技术创新与制度创新协同驱动机理［J］．经济体制改革，2013（2）：56－59.

［93］叶娇，王佳林．FDI对本土技术创新的影响研究——基于江苏省面板数据的实证［J］．国际贸易问题，2014（1）：131－138.

［94］于明远．中国制造业技术创新与国际竞争力的实证研究［J］．经济与管理研究，2014（12）：13－22.

［95］余官胜．中国出口贸易和技术创新关系实证研究——基于联立方程组［J］．科学学研究，2011，29（2）：300－305.

［96］余秀江，胡冬生，何新闻，王宣喻．中国技术创新影响因素的动态分析——基于SVAR模型的实证研究［J］．软科学，2010，34（8）：11－17.

［97］袁青燕，胡大立．价值网中技术创新能力与竞争优势关系［J］．求索，2013（10）：38－40.

［98］约瑟夫·熊彼特．经济发展理论［M］．北京：商务印书馆，2000.

[99] 詹浩勇．生产性服务业集聚与制造业转型升级研究［D］．西南财经大学，2013.

［100］张诚，蒙大斌．技术创新、行业特征与生产力绩效——基于中国工业行业的实证分析［J］．当代经济科学，2012（4）：49－56.

［101］张萃．制造业区域集聚与技术创新：基于负二项模型的实证研究［J］．数理统计与管理，2012，31（1）：106－112.

［102］张方华，李守芹．FDI技术溢出、智力资本与创新能力的关系研究［J］．上海经济研究，2013（2）：22－31.

［103］张家峰，赵顺龙．区域技术创新能力的影响因素分析——以江浙沪两省一市为例［J］．国际贸易问题，2009（7）：56－60.

［104］张建民．区域技术创新系统及其能力：研究回顾与述评，经济问题探索，2010（5）：23－27.

［105］张建伟，张战仁．经济转型与技术创新空间变系数计量分析［J］．统计与决策，2014（6）：119－122.

［106］张建伟．技术创新的经济转型效应——基于中国数据的实证研究［D］．华东师范大学博士论文，2011.

［107］张江雪，朱磊．基于绿色增长的中国各地区工业企业技术创新效率研究［J］．数量经济技术经济研究，2012（2）：113－125.

［108］张经强．北京高技术产业技术创新效率评价——基于2001－2009年的经验分析［J］．科技管理研究，2012（20）：68－71.

［109］张娜，杨秀云，李小光．中国高技术产业技术创新影响因素分析［J］．经济问题探索，2015（1）：30－35.

［110］张杨，张亚斌，冯迪．中部六省技术创新能力测度与评价［J］．湖南社会科学，2014（1）：107－110.

［111］赵建英．技术创新绩效影响因素的实证分析——基于两类不同所有制企业的比较［J］．经济问题，2010（8）：41－44.

［112］赵喜仓，徐俊涛，张瑾．镇江市高新技术产业的技术创新效率评价［J］．科技管理研究，2014（12）：50－54.

［113］郑春荣，望路．德国制造业转型升级的经验与启示［J］．人民论坛·学术前沿，2015（6）：41－48.

[114] 智强，苏竣，汝鹏，张芳．政策引导下的新兴产业技术创新模式：以中国风电设备制造业为例 [J]．国际经济评论，2013 (2)：46－59.

[115] 中国社会科学院工业经济研究所．2014 中国工业发展报告 [M]．北京：经济管理出版社，2014。

[116] 周大鹏．制造业服务化对产业转型升级的影响 [J]．世界经济研究，2013 (9)：17－24.

[117] 周经，刘厚俊．国际贸易、知识产权与中国技术创新 [J]．世界经济研究，2011 (11)：58－64.

[118] 周霄雪，王永进．跨国零售企业如何影响了中国制造业企业的技术创新？[J]．南开经济研究，2015 (6)：66－90.

[119] 周长富，杜宇玮．代工企业转型升级的影响因素研究——基于昆山制造业企业的问卷调查 [J]．世界经济研究，2012 (7)：23－31.

[120] 周长富，马景漫，杨阳．吸收能力抑制了中国 FDI 的技术溢出效应吗？——基于区域面板数据的分析 [J]．南京财经大学学报，2011 (12)：1－8.

[121] 朱高峰．全球化时代的中国制造 [M]．北京：社会科学文献出版社，2003.

[122] 庄志彬．基于创新驱动的中国制造业转型发展研究 [D]．福建师范大学，2014.

[123] ACS Z J, AUDRETSCH D B, FELDMAN M P. R&D spillover and recipient firm size [J]. Review of economics and statistics, 1994, 76 (2): 336－340.

[124] AITKEN B J, HARRISON A E, Do domestic firms benefit from direct foreign investment? Evidence from Venezuela [J]. American economic review, 1999, 89 (3): 605－618.

[125] HASHIMOTO A, HANEDA S. Measuring the change in R&D efficiency of the Japanese pharmaceutical industry [J]. Research policy, 2008 (37): 1829－1836.

[126] ASHEIMB T, ISAKSEN A. Regional innovation systems: the integration of local "sticky" and global "ubiquitous" knowledge [J]. The journal of technology transfer, 2002, 27 (1): 77－86.

[127] ATIKEN B J, HARRISON A E. Do domestic firms benefit from foreign direct investment? Evidence from Venezuela [J]. American economic review, 1999, 89 (2): 605-618.

[128] AYYAGARI M, DEMIRGÜÇ-KUNT A, MAKSIMOVIC V, Firm innovation in emerging markets: role of governance and finance [R]. World bank policy research working paper, 2007.

[129] BENHABIB J, SPIEGEL M. Human capital and technology diffusion [R]. Working papers in applied economic theory, Federal Reserve Bank of San Francisco, 2003.

[130] BLOMSROM M. Foreign investment and productive efficiency: the case of Mexico [J]. Journal of industrial economics, 1986, 35 (6): 97-112.

[131] BLOMSTRLM M, KOKKO A. The impact of foreign investment on host countries: a review of the empirical evidence [R]. World Bank policy research working paper, 1997 (1745).

[132] BLUMENTHAL T. Japan's technological strategy [J]. Journal of development economics, 1976, 3 (3): 245-255.

[133] BRANSTETTER L. Is foreign direct investment a channel of knowledge spillovers? Evidence from Japan's FDI in the United States [J]. Journal of international economics, 2006, 68 (2): 325-344.

[134] CAMPOS K. Foreign direct investment as technology transferred: some panel evidence from the transition economics [R]. William Davidson Working Paper, 2002 (438).

[135] CHOONG C K. Does domestic financial development enhance the linkages between foreign direct investment and economic growth? [R]. NBER working paper, 2009.

[136] CHEUNG K Y, LIN P. Spillover effects of FDI on innovation in China: evidence from provincial data [J]. China economic review, 2004 (15): 25-44.

[137] CINCER M. Patents, R&D and technological spillovers at the firm level: some evidence from econometric count models for panel data [J]. Journal of applied econometrics, 1997 (12): 265-280.

[138] COE D T, HELPMAN E. International R&D spillovers [J] . European economic review, 1995 (39): 859 -887.

[139] CORYNE C J, SOBEL R S. How are institutions related? [R], Economic freedom of the world: 2010 annual report.

[140] CREPON B, DUGUET E. Estimating the innovation function from patent numbers: gmm on count panel data [J] . Journal of applied econometrics, 1997 (12): 243 -263.

[141] DIMELIS S, LOURI H. Foreign direct investment and efficiency benefits: a conditional quintile analysis [J] . Oxford economic papers, 2002 (54): 450 -456.

[142] DJANKOE S, HOEKMAN B. Foreign investment and productivity growth in Czech enterprises [J] . World Bank economic review, 2000 (10): 49 -64.

[143] EVANGELISTA A, et al. Measuring the regional dimension of innovation: lessons from the Italian innovation survey [J], Technovation, 2001, (21): 733 -745.

[144] FALVEY R, FOSTER N, MEMEDOVIC O. The role of intellectual property rights in technology transfer and economic growth: theory and evidence [R], UNIDO working papers.

[145] HSU F M. Measuring relative efficiency of government - sponsored R&D projects: a three - stage approach [J] . Evaluation and Program Planning, 2009 (32): 178 -186.

[146] FELDMAN M, AUDRETSCH D. Innovation in cities: science - based diversity specialization and localized competition [J] . European economic review, 1999, 43 (2): 409 -429.

[147] FINDLAY R. Relative backwardness, direct foreign investment and the transfer of technology: a simple dynamic model [J], Quarterly journal of economics, 1978 (91): 1 -16.

[148] TODTLING F, KAUGMANN A. SMEs in regional innovation systems and the role of innovation support: the case of upper Austria [J] . Journal of technology transfer, 2002 (7): 15 -26.

[149] FREEMAN C, SOETE L. The economics of industrial innovation [M]. Cambridge, M ass: MIT Press, 1997.

[150] GRIFFITH R, REDDING S, REENEN J V. R&D, and absorptive capacity: from theory to data [R]. Mimeo, London school of economics, 2000.

[151] HARRIS R, ROBINSON C. Productivity impacts and spillovers from foreign ownership in the United Kingdom [J]. National institute economic review, 2004, 187 (1): 58 - 75.

[152] HELPMAN E. Innovation, Imitation and Intellectual Property Rights [J]. Econometrica, 1993, 61 (6): 1247 - 1280.

[153] HERMES N, LENSINK R. Foreign direct investment, financial development and economic growth [J]. Journal of development studies, 2003, 40 (1): 142 - 163.

[154] HU A G Z, JEFFERSON G H, QIAN J C. R&D and technology transfer: firm - level evidence from Chinese industry [J]. Review of economics and statistics, 2005, 87 (4): 780 - 786.

[155] ISAKSEN A. Building regional innovation systems: is endogenous industrial development possible in the global economy [J]. Canadian journal of regional science, 2001 (24).

[156] JAFFE A, TRAJTENBERG M, Henderson R. Geographic localization of knowledge spillover as evidence by patent citations [J]. Quarterly journal of economics, 1993, 108 (3): 577 - 598.

[157] JAFFE A. Technological opportunity and spillovers of R&D: evidence from firm's patents, profits and market value [J]. American economic review, 1986, 76 (5): 984 - 1001.

[158] KATHURIA, V. Productivity spillovers form technology transfer to Indian manufacturing firms [J]. Journal of international development, 2000, 12 (3): 343 - 369.

[159] KELLER W, YEAPLE S. Multinational enterprises, international trade, and productivity growth: firm - level evidence in the United States [J]. The review of economics and statistics, 2009, 91 (4).

[160] KOELLER C T, Innovation, market structure and firm size: a simultaneous equations model [J]. Managerial and decision economics, 1995, 16 (3): 259-269.

[161] KOKKO A. Technology, market characteristics and spillovers [J]. Journal of development economics, 1994, 43 (2): 279-293.

[162] KONINGS J. The effect of foreign direct investment on domestic firms: evidence from firm level panel data in emerging economics [J]. Economics of transition, 2001, 9 (3): 619-633.

[163] SHLEIFER A, et al. The economic consequences of legal origins [J]. Journal of economic literature, 2006, 46 (2): 285-332.

[164] LAI E L. International intellectual property rights protection and the rate of product innovation [J]. Journal of development economics, 1998, 55 (1): 133-153.

[165] LALL S. Learning to industrialise: the acquisition of technological capability by India [M]. London: Macmillan, 1989.

[166] LEE J Y, Mansfield, E. Intellectual Property Protection and US Foreign Direct Investment [J]. The review of economics and statistics, 1996, 25 (1): 181-186.

[167] LIA X Z. Upgrading of China's manufacturing industry: Two-sector analysis based on the facilitation of producer services [J]. Procedia environmental sciences, 2011, 11 (10): 307-312.

[168] MACDOUGALL G D A. The benefits and costs of private investment from abroad: a theoretical approach [J]. Economic record, 1960, 36 (73): 13-32.

[169] ROUND K D. Research and product innovation in Australian manufacturing industries [J]. Journal of industrial economics, 1978, 27 (1): 1-12.

[170] BUESA M, PELLITERO M M, BAUNERT T. Regional systems of innovation and the knowledge production function: the Spanish case [J]. Technovation, 2006, 26 (4): 463-472.

[171] PAVITT K, WALD S. The conditions for success in technological innovation [M], Paris: OECD, 1971.

[172] SALIOLA F, ZANFEI A. Multinational firms, Global value chains and the organization of technology transfer [J]. Research policy, 2009, 38 (2).

[173] SAMUELSON P A. The transfer problem and transport cost: Analysis of trade impediments are absent [J]. Economic journal, 1952, 62 (246): 264 - 289.

[174] SCHERER F M. Firm size, market structure, opportunity and the output of patented innovations [J]. American economic review, 1965 (55): 1097 - 1125.

[175] GAROIA F, GUARNIERO I, PICCINETTI C. Human resources in China: the birth quota, returns to schooling and migration [J]. Pacific economic review, 2004, 9 (3).

[176] JAVORCIK B S. Composition of foreign direct investment and protection of intellectual property rights in transition economies [J]. European economic review, 2004, 48 (1).

[177] SOLOE R M. Technical change and the aggregate production function [J]. The review of economics and statistics, 1957, 39 (3): 554 - 562.

[178] TEBALDI E, ELMSLIE B. Institutions, innovation and economic growth [J]. Journal of economic development, 2008, 33 (2): 27 - 53.

[179] TEBALDI E, ELMSLIE B. Dose institutional quality impact innovation? Evidence from cross - country patent grant data [J]. Taylor & francis journals, 2013, 45 (7): 887 - 900.

[180] THOMAS V J, Jain S K, Sharma S. Using patents and publications to assess R&D efficiency in the states of the USA [J]. World patent information, 2011, 33 (1): 4 - 10.

[181] WEISSKOPF T E. The relevance of the Chinese experience for third world economic development [J]. Theory and society, 1980, 9 (2): 283 - 318.

[182] KELLER W. Geographic localization of international technology diffusion [J]. American economic review, 2001, 92 (1): 120 - 142.

[183] LIU X, BUCK T. Innovation performance and channels for international technology spillovers: evidence from Chinese high - tech industries [J].

Research policy, 2007, 36 (3): 352 -260.

[184] LI X, LIU X, PARKER D. Foreign direct investment and productivity spillovers in the Chinese manufacturing sector [J]. Economic systems, 2001, 25 (4): 305 -321.

[185] WANG Y L. Trade, human capital, and technology spillover: an industrial - level analysis [J]. Journal of international economics, 2007, 15 (2): 169 - 183.

[186] ZHANG A M, ZHANG Y M, ZHAO R. A study of the R&D efficiency and productivity of Chinese firms [J]. Journal of comparative economics, 2003, 31 (3): 450 -464.

致　谢

博士三年的学习走进尾声，心中诸多感慨。这三年对我来说，是沉淀的三年，是提升自我的三年，也是充满艰辛的三年。在论文落笔之时，回首这三年的点点滴滴，更加感慨博士学习的不易！心中对帮助和关心我的老师、同学、家人和朋友充满了无限的感激。

首先感谢我的导师胡雪萍教授，在我每一篇论文的写作中，从定题、提纲到具体内容，都是在导师悉心指导下完成的。特别是这篇毕业论文的写作，导师每次提出的意见我都如获至宝、喜不自禁。除了学习方面的指导，导师也给予了我日常生活方面很多的关心与帮助，在此真挚地说声感谢！从硕士到博士，导师已经陪伴了我六年！在这六年的时间里，导师严谨的治学态度、勤勉的工作作风、充满智慧的生活方式以及柔中带刚的性格，如同春风化雨，润物无声，将让我一生受益。

感谢卢现祥教授、项本武教授、廖涵教授和罗良文教授等老师对我的关心和指导！感谢他们对我的论文提出的宝贵意见！

感谢我的博士同窗们的帮助，在此特别感谢杨晓北、齐峰、雷鹏飞、罗飞、潘雅茹、张峰六位博士在这三年期间对我的帮助和关心！同时，也感谢我的同门师兄梁玉磊博士一路给予我的帮助和指导！

感谢婆婆魏源菊女士在这三年期间的辛勤付出。为了让我安心科研，婆婆帮我分担了几乎所有家务和带孩子的重担，像对自己的女儿一样疼爱和关心我，点滴感动我都铭记于心。来日方长，我将细细回报。

感谢我的先生阮仕辉，在这三年期间，他用自己勤勉、踏实的工作撑起了整个家，让我心无旁骛地投入学习中，帮助我实现了读博的理想，是我最为坚实的后盾。感谢我的宝宝阮浩鑫，他活泼可爱、聪明伶俐，给我们全家人带来了无限的欢乐，也让我逐渐明白做母亲的荣耀与责任，他是我勤奋学习的动力。

人生路漫漫，路纵崎岖，我亦不怕受磨练。越过博士这座高峰，另一座高峰也许会再现。希望自己将目标推远，让理想永远在前面！

谨以此文献给所有关心和爱护我的师长、朋友和亲人。

2016年2月25日

于美丽的梅南山居